VOYAGES,
RELATIONS ET MÉMOIRES

ORIGINAUX

POUR SERVIR A L'HISTOIRE DE LA DÉCOUVERTE

DE L'AMÉRIQUE.

IMPRIMERIE DE FAIN ET THUNOT,
RUE RACINE, 28, PRÈS DE L'ODÉON.

VOYAGES,
RELATIONS ET MÉMOIRES

ORIGINAUX

POUR SERVIR A L'HISTOIRE DE LA DÉCOUVERTE

DE L'AMÉRIQUE,

PUBLIÉS POUR LA PREMIÈRE FOIS EN FRANÇAIS,

PAR H. TERNAUX-COMPANS.

HISTOIRE

DU

NICARAGUA,

PAR GONZALO FERNANDEZ DE OVIEDO Y VALDÉS.

———

INÉDITE.

Paris.

ARTHUS BERTRAND, LIBRAIRE-ÉDITEUR,

LIBRAIRE DE LA SOCIÉTÉ DE GÉOGRAPHIE DE PARIS,

RUE HAUTEFEUILLE, N° 23.

———

M. DCCC XL.

HISTOIRE
DU
NICARAGUA,

PAR

GONZALO FERNÀNDEZ DE OVIEDO Y VALDÉS.

INÉDITE.

PRÉFACE

DE L'ÉDITEUR FRANÇAIS.

Gonzalo Fernandez de Oviedo y Valdés naquit à Madrid en 1478 (1), d'une famille noble, originaire des Asturies. Il entra, à l'âge de douze ans, au service du duc de Villa-Hermosa, et fut ensuite successivement gentilhomme de l'infant D. Juan, mort en 1497, de Frédéric d'Aragon, et enfin de la reine Jeanne. Quelques auteurs ont prétendu qu'atteint de la syphilis, il pensa qu'il trouverait le remède de cette maladie dans le pays dont elle était originaire, et qu'il s'embarqua à cet effet pour l'Amérique. Mais je crois que c'est une tradition sans

---

(1) A la fin de ses *Quinquagenas*, Oviedo, qui les termina en 1555, dit qu'il avait alors soixante-dix-sept ans : il était donc né en 1478. Les détails que je donne ici sur sa vie sont tirés de ses propres ouvrages, et de N. Antonio, Alvarez y Baena, *Hijos ilustres de Madrid*. Quintana, *Historia de Madrid*, Pinelo, *Biblioteca occidental*, etc.

fondement. Il fut nommé, en 1514, *veedor* ou inspecteur de la fonte des métaux au Darien, et partit de S. Lucar de Barrameda, avec la flotte, le dimanche gras de l'an 1514. Mécontent de la conduite de Pédrarias, il le quitta l'année suivante, et se rendit à Saint-Domingue et de là en Espagne.

Ferdinand le Catholique étant mort quelques jours après son arrivée, il prit la résolution d'aller trouver Charles-Quint, qui était alors en Flandres. Battu par la tempête, il fut forcé de relâcher d'abord aux Sorlingues, où il ne trouva que des huttes qui ne valaient pas, dit-il, celles des Indiens du Darien, et ensuite aux Dunes. Il parle plusieurs fois, dans son ouvrage, de son séjour en Angleterre, qu'il paraît avoir trouvée fort étrange. Quand il fut arrivé à Bruxelles, Charles-Quint, qui n'était entouré que de conseillers flamands qui n'étaient pas au courant des affaires d'Amérique, le renvoya au cardinal Ximenez. N'ayant pu obtenir ce qu'il demandait, Oviedo resta en Espagne jusqu'en 1519. Il eut à cette époque, à Barcelonne, une nouvelle audience de l'empereur, qui lui ordonna de retourner en Amérique avec l'expédition de Lopez de Sousa, pour toucher le montant des confiscations faites sur Vasco Nuñez de Balboa, qui se montaient, disait-on, à plus de 100,000 castillans.

Oviedo arriva, le 24 juin 1520, au port de San-Juan du Darien ; il n'y séjourna que peu de temps. Après y avoir perdu sa femme et un de ses fils (l'autre accompagna plus tard Pizarre au Pérou et y fut tué), il quitta cette ville et alla rejoindre, à Panama, Pédrarias, qui, peu de temps après, le renvoya au Darien en qualité de gouverneur.

La sévérité de son caractère ne tarda pas à lui faire un grand nombre d'ennemis : Pédrarias le destitua et lui fit faire son procès. Il échappa heureusement à la condamnation qui le menaçait, et aux poignards de ses ennemis, qui tentèrent de l'assassiner. Ne pouvant en obtenir justice, et complètement ruiné par l'abandon de la colonie du Darien, il se rendit de nouveau en Espagne en 1523. Ce fut pendant ce séjour qu'il publia la première édition de son ouvrage.

En 1526, Oviedo repartit pour l'Amérique et alla rejoindre au Nicaragua Pedro Lopez de Salcedo. Il devint par la suite gouverneur de Carthagène, puis en 1535, alcayde de la forteresse de Saint-Domingue et historiographe des Indes, et mourut en 1557 à Valladolid, à l'âge de soixante-dix-neuf ans.

Les ouvrages d'Oviedo, outre son *Histoire des Indes* dont nous parlerons plus bas, sont :

Regla de la vida espiritual y secreta teologia. Sevilla. D. de Robertis, 1548, 8°.

Nobiliario ó libro de los linages de España (inédit). Il en existe une copie au couvent de Monserrat de Madrid.

Comparaciones (inédit).

Catálogo real de España ó Historia de España (inédit).

Memorial de algunas cosas de la corónica de los reyes cathólicos don Fernando y doña Isabel, y la corónica del emperador don Carlos (inédit).

Memorial de la vida y acciones del cardenal D. Francisco Ximenez de Cisneros, dont le manuscrit original se conserve dans la bibliothèque du collége de Saint-Ildefonse, à Alcalá.

Deux Traités du bois de gayac et du bois-saint ou *palo santo*, imprimés dans le tome Ier des *Scriptores morbi gallici*.

La navigation du Maragnon, qu'il envoya à son ami Ramusio, avec lequel il était constamment en correspondance.

Las Quincuagenas de los generosos é ilustres é

no menos famosos Reyes, Principes, Duques, Marqueses, é Condes é Caballeros é personas notables de España, que escribió el capitan Gonzalo Fernandez de Oviedo y Valdés, alcayde de sus magestades de la fortaleza de la cibdad é puerto de Santo-Domingo de la isla Española, coronista de las Indias, islas é tierra firme del mar Océano, vecino é regidor desta cibdad é natural de la muy noble y muy leal villa de Madrid. Fué esta obra desde las Indias enviada é presentada al serenissimo principe D. Felipe, nuestro señor.

On lit à la fin de la dédicace : « Cet ouvrage fut » terminé dans la ville de Saint-Domingue, le jour » de saint Paul ermite, 10 janvier 1555. Je l'ai écrit » et terminé de ma propre main à l'âge de soixante- » dix-sept ans, donc il y a soixante-six ans que je » sers votre royale maison, dont quarante-deux dans » les Indes, et vingt-deux comme alcayde de la for- » teresse de Saint-Domingue. »

Cet ouvrage forme trois gros volumes in-f°, écrits entièrement de la main de l'auteur. Nicolas Antonio en parle comme existant de son temps dans la bibliothèque du duc de Medina de las Torres. Il appartint par la suite à Cerdá, et passa de là dans la bibliothèque particulière du roi d'Espagne, où il se trouve encore aujourd'hui.

Cet ouvrage est rédigé en forme de dialogue entre l'auteur et un certain Sereno qui lui fait une foule de questions et lui donne occasion de traiter des plus célèbres événements de l'histoire d'Espagne, des hommes illustres, des principales familles, de leurs armes, et de raconter une foule d'anecdotes qui font de cet ouvrage un véritable trésor historique. On en trouve, du reste, une analyse assez complète à la suite de *Elogio de la reina Doña Isabel con la historia mas estensa y exacta que hasta el dia se ha publicado : publicanse varios documentos inéditos muy curiosos, por* D. Diego Clemencin, dans les *Mémoires de l'Académie d'histoire de Madrid*, tom. VI.

J'ai déjà dit que ce fut en 1526, à Tolède, qu'Oviedo donna la première édition de son ouvrage sous le titre de *Summario de la Historia general y natural de las Indias*, f°. Ce n'est qu'une espèce de sommaire du grand ouvrage qu'il méditait; il a été réimprimé dans les *Historiadores primitivos* de Barcia.

Son *Histoire générale* est divisée en trois parties et en cinquante livres, dont les dix-neuf qui forment la première partie furent d'abord imprimés en 1535, à Séville, chez Cronberger, f°, goth.; puis en 1547, à Salamanque, chez Juan de Junta, f°, goth.

Oviedo commença, en 1557, à faire imprimer la seconde partie chez Francisco Fernandez de Cordova, f°, goth.; mais il n'y eut que le vingtième livre, premier de la seconde partie, qui fut imprimé. On lit à la fin de ce mince volume, très-rare, et qui contient des relations de Magellan et de Garcia de Loaysa : « *L'impression de cet ouvrage a* » *été interrompue parce que l'auteur est mort.* »

Les trente livres de l'*Histoire générale des Indes* qui sont restés manuscrits (1), ne sont pas de nature à être publiés dans leur entier. Pour les pays qu'il n'avait pas visités par lui-même, Oviedo se contente de copier textuellement toutes les relations qui lui tombent sous la main, ce qui augmente sinon le mérite littéraire, du moins l'authenticité de son ouvrage. Mais plusieurs de ces relations, telles que celle de Fernand Cortés, de Cabeça de Vaca, sont entre les mains de tout le monde. Je me contenterai donc de publier successivement les parties les plus neuves et les plus intéressantes.

(1) L'édition complète, donnée en 1783 par le marquis de Truxillo, selon la *Biographie universelle* et le *Manuel du libraire*, avait été annoncée, mais n'a jamais paru. Une traduction française des dix premiers livres, par Jacques Poleur, a paru à Paris, chez Vascosan, en 1555, f°. A la fin de l'édition allemande des *Lettres de Fernand Cortés*, Augsbourg, 1550, f°, on a ajouté quelques lettres d'Oviedo qu'on ne trouve que là.

A cet égard l'*Histoire du Nicaragua* mérite certainement la préférence. Je ne connais aucun ouvrage, soit ancien, soit moderne, qui traite spécialement de ce pays. On n'en a jamais parlé qu'en passant, et cependant l'attention publique est dirigée de ce côté depuis qu'il est question de faire communiquer les deux mers par le lac du même nom.

Plusieurs historiens, tels qu'Herrera, Gomara, Benzoni, etc., parlent du religieux qui descendit dans le cratère du Masaya, comme le rapporte Oviedo. Mais tous le nomment Fr. Blas de Yniesta, et non pas, comme le fait notre auteur, Fr. Blas del Castillo.

Juan Sanchez Portero, un de ceux qui, selon notre auteur, l'avaient accompagné, a écrit une histoire de cette expédition dont le manuscrit se trouve à la bibliothèque royale de Madrid, il est intitulé :

Entrada y descubrimiento del volcan de Masaya que está en la provincia de Nicaragua, fecha por Juan Sanchez Portero, f°.

Oviedo a été sévèrement traité par les amis des Indiens, et surtout par Las-Casas, qui, dans son *Histoire inédite des Indes* (liv. III, ch. XXIII), dit : « Oviedo doit regretter ce qu'il a écrit des Indiens;

» il a porté contre eux un faux témoignage, et les a
» calomniés de toutes les manières. Ces infamies ont
» ensuite couru le monde, car il suffit qu'un men-
» songe soit imprimé pour que le public le croie.
» Oviedo aurait dû écrire en tête de son histoire : Ce
» livre a été écrit par un conquérant, un voleur, un
» assassin et un ennemi cruel des Indiens, dont il a
» fait périr une quantité dans les mines. » On reconnaît ici l'exagération ordinaire de Las-Casas. Oviedo n'est pas exempt des préjugés de son temps contre les Indiens, mais après tout, ce qu'il dit se rapproche plus de la vérité que les peintures fantastiques de l'évêque de Chiapa, qui veut retrouver l'âge d'or même chez les nations les plus féroces.

CHAPITRE PREMIER.

—

De plusieurs choses remarquables du royaume de Nicaragua
et de ses annexes.

Le Nicaragua est un grand royaume, qui contient une quantité de riches provinces, dans lesquelles on parle quatre ou cinq langues entièrement différentes les unes des autres. La plus répandue (1), que l'on nomme

(1) Herrera (Décade 3, liv. IV, chap. vii) dit positivement

langue de Nicaragua, est la même que celle du Mexique; la seconde se nomme chorotega et la troisième chontal. Les Chontales sont des Indiens très-sauvages qui habitent dans les montagnes ou sur leur versant. La langue que l'on parle au nord-est du golfe d'Orotina diffère aussi, et il y en a encore d'autres dans l'intérieur du pays. Vers l'Orient, la côte de ce gouvernement a cent lieues d'étendue, depuis

que les Chorotegas parlaient un dialecte mexicain; et (Décade 4, liv. VIII, chap. VIII), que la nation Chontal a les mêmes mœurs et les mêmes coutumes que les Indiens du Guatemala. Il me paraît donc vraisemblable que celle-ci, qui habitait plus anciennement le pays, fut refoulée dans les montagnes par l'arrivée d'une colonie mexicaine. D. Carlos de Alva Ixtlilxochitl rapporte en effet, dans son histoire des Chichimèques (ch. IV), que lors de la destruction de l'empire des Toltèques, qui eut lieu dans l'année de Ce Tecpatl ou 959 de notre ère, une partie de ceux qui survécurent alla s'établir dans le Nicaragua. Torquemada (*Monarquía indiana*, p. 1, liv. III, chap. XL) assure aussi que le Nicaragua était peuplé par des Indiens de race mexicaine. Ce fait, au moins quant à ce qui est relatif aux habitants des plaines, résulte clairement de l'ouvrage que nous publions aujourd'hui.

Il serait curieux de comparer la langue chontale au kiché ou guatemalien. Je ne connais d'autre monument de cette langue qu'une *Doctrine chrétienne* en langue chontale, par Fr. Diego de Carranza, religieux dominicain, citée par A. de Léon Pinilo (*Bibliotheca oriental y occidental*. Madrid, 1629. 4°, p. 108)

le port de la Posesion (1) jusqu'à celui de la
Herradura, depuis le golfe de Nicaragua
jusqu'à celui d'Orotina. Le port de la Posesion est à 13 degrés de latitude Nord. Il est le
plus important du pays, parce qu'il est le plus
rapproché de la ville de Léon de Nagrando,
capitale du pays et siége de l'évêché. Quand
je visitai cette ville, du temps des gouverneurs
Diego Lopez de Salcedo et Pedrarias, elle
comptait plus de mille chefs de famille (*vecinos*) qui avaient de bonnes maisons en torchis ; les unes étaient couvertes en paille, les
autres à la mode du pays, c'est-à-dire en bois
et en roseaux. Il y avait environ cent chefs de
famille dans celle de Grenade. Ces deux villes
sont situées sur les bords du lac, dont toutes
les rives sont très-peuplées. Il contient plu-

et par Davilla Padilla (*Chrónica de la provincia de S. Diego de
Mexico*. Brusselas, 1625, in-fol., p. 653) ; mais elle a jusqu'à présent échappé à mes recherches. Il faut observer que le nom de
chontal fut donné à cette nation par les Mexicains. Molina,
dans son dictionnaire, le traduit par *étranger*.

(1) Aujourd'hui Realejo.

sieurs îles d'où l'on tire du bois, et dans lesquelles sont établies des pêcheries. Une de ces iles, nommée Cocabola, est habitée par des Indiens. Le lac se décharge dans un autre plus grand; on prétend qu'il y en existe un troisième plus au nord, où les deux premiers se déversent, et l'on sait avec certitude que les eaux de ce dernier se jettent dans le grand Océan, près de Carthago ou sur un autre point de la côte. Cette découverte a été très-importante; mais je dirai plus loin ce que j'ai vu et reconnu par moi-même touchant ce lac et les autres qui se trouvent dans ce gouvernement.

Depuis le port de la Posesion, la côte s'étend encore à quarante lieues vers l'Ouest, jusqu'à la pointe la plus occidentale du golfe de Chorotega.

On peut compter les plaines du Nicaragua parmi les plus belles et les plus agréables des Indes. On y trouve du maïs en abondance, ainsi que toute espèce de légumes et de fruits, parmi lesquels il y en a un dont les habitants emploient l'amande, nommée cacao, en guise de monnaie ; ils s'en servent pour acheter toutes sortes d'objets, quelle qu'en soit la valeur, comme l'or, les esclaves, les étoffes, les vivres, etc. On y trouve aussi quantité de miel et de cire ; beaucoup de gibier, tel que sangliers, cerfs, lapins, etc. Les pêcheries sont très-productives, tant dans la mer que dans les rivières et les lacs. Le coton y croît en abondance ; les femmes du pays le filent, le tissent et le travaillent très-bien. Cette plante est annuelle ; il faut la semer de nouveau après chaque récolte. La province de Nagrando, où l'on a construit la ville de Léon, est très-peuplée, ainsi que toutes les autres du royaume. Plusieurs de ces provinces n'étaient pas soumises à des caciques ; elles formaient des espèces de républiques, gouvernées par un conseil de vieillards, choisis par voie d'élection. Ils désignaient un capitaine général, qui dirigeait tout ce qui avait rapport à la guerre, et gouvernait conjointement avec eux. S'il venait à mourir, ou s'il était tué dans une bataille, on en nommait un autre. Quelquefois ils le tuaient eux-mêmes s'ils trouvaient qu'il devenait dangereux à la république. Les chrétiens ont aboli cette bonne coutume, parce qu'ils ont trouvé qu'il leur était plus commode de s'entendre avec un seul chef, qu'avec tant de personnes. Ils ont donc détruit ces conseils, dont chaque membre était un personnage important qui possédait des villages et des vassaux, et ils ont donné à chacun d'eux le gouvernement d'un *repartimiento* ou commanderie, dont ils les ont créés caciques. Déjà, il y avait anciennement dans certaines parties du pays, des caciques qui possédaient des provinces et des îles.

Ces Indiens avaient des livres sur parchemin qu'ils fabriquaient avec des peaux de cerfs. Ces livres, remplis de caractères peints en noir et en rouge, étaient de la largeur de la main ou un peu plus; et avaient quelquefois jusqu'à dix ou douze pas de long (1), et l'on pouvait les plier comme un paravent, de sorte qu'ils n'étaient pas plus gros que le poing. Quoique ces caractères ne fussent ni des lettres ni des figures, ils avaient néanmoins leur signification, et les naturels les comprenaient parfaitement. Ils connaissaient, par ces livres, les limites des héritages. Ils y marquaient soigneusement les rivières, les chemins, les forêts et les bosquets ; et en cas de procès, les vieillards, qu'ils nommaient *guegues*, les consultaient avant de prononcer leur jugement. Leurs temples, semblables à ceux de la Nouvelle-Espagne, se nommaient *ochilobos*. Des prêtres étaient chargés d'accomplir leurs horribles sacrifices. Devant ces édifices, était une petite butte élevée de main

---

(1) Herrera (Déc. 3, liv. IV, ch. 1ᵛ), qui décrit ces livres de la même manière, dit que les Chorotegas seuls en connaissaient l'usage ; ce qui me confirme dans l'opinion qu'ils étaient d'origine mexicaine, et que malgré la différence des dialectes, il n'y avait au fond que deux nations au Nicaragua, les Mexicains ou Chorotegas et les Chontales.

d'homme, de la hauteur d'une lance et de la forme d'un tas de blé. On y creusait un petit escalier par lequel le sacrificateur arrivait au sommet avec la victime qu'il devait immoler : c'était tantôt un homme, tantôt une femme ou un enfant.

Les habitants du Nicaragua, qui parlent le mexicain, ont aussi la même apparence et les mêmes coutumes que les Indiens de la Nouvelle-Espagne. Ceux qui parlent la langue chorotega, et qui sont leurs ennemis, ont aussi la même religion; mais leur langue, leurs mœurs, leurs coutumes et leurs cérémonies sont si différentes, qu'ils ne s'entendent même pas. Les Chondales n'ont aucun rapport avec ces deux nations, et parlent une langue aussi différente de la leur que le basque l'est de l'allemand. Cependant ils sont d'accord dans ce que je vais dire.

Dans les villages importants, chaque nation tient une foire et un marché; et ceux des autres nations n'y entrent pas, à moins que ce ne soit pour apporter des vivres ou parce qu'ils sont leurs esclaves. Toutes ces nations sont anthropophages, idolâtres et esclaves du démon. Il y a parmi eux des femmes publiques qui, pour dix amandes de cacao, s'abandonnent à tous ceux qui en veulent. Ces amandes, comme je l'ai dit, sont la monnaie du pays. Les femmes publiques ont des souteneurs (*rufianos*), non pour partager leur gain, mais pour les accompagner, pour garder la maison pendant qu'elles vont au marché, ou qu'elles sortent pour faire leur métier ou pour d'autres affaires. Ces Indiens ont un grand nombre de divinités. A l'époque de la récolte du cacao, du maïs, du coton ou des fèves, et dans d'autres circonstances, ils célèbrent une fête en l'honneur d'une de ces divinités en dansant, et en chantant autour de l'idole des cantiques composés en son honneur.

Ils tirent fort bien de l'arc; mais ils n'empoisonnent pas leurs flèches. Il y a parmi eux des caciques très-puissants. Ceux de Teocatega, de Mistega, de Nicaragua et de Nicoya ont pour vassaux des chefs qui possèdent des villages et même des provinces : on les nomme *Galpones*. Ce sont eux qui accompagnent ordinairement le prince, et sont chargés de veiller à sa sûreté. Ils sont ses courtisans et ses capitaines, et lui sont ordinairement très-attachés. Ces Indiens sont naturellement cruels, sans pitié, très-menteurs et sans religion. Ils ont plusieurs espèces de mariages, et il y aurait bien des choses à dire à ce sujet. Ils n'ont ordinairement qu'une seule femme, et, à l'exception des chefs, il y en a très-peu qui en aient davantage; mais ils ont le droit d'en prendre autant qu'ils peuvent en nourrir. Ils sont de grands sorciers et entretiennent de fréquents rapports avec le démon, particulièrement leurs prêtres de Satan qui sont en grande vénération.

Leurs formes de gouvernement sont très-différentes. Les officiers et les messagers du prince sont crus sur parole, dans tout ce qu'ils annoncent de sa part. Ils portent à la main un chasse-mouche, qui impose autant de respect, que chez nous la baguette des gens de justice. C'est le souverain qui remet de sa main le chasse-mouche à celui qu'il croit capable de mieux le servir, et il le lui laisse tant qu'il veut l'employer. Dans les îles du golfe d'Orotina et dans d'autres cantons, ils emploient à cet usage de longs bâtons d'un très-beau bois ; le haut de ce bâton est creux et rempli de petits morceaux de bois, de sorte que quand on place l'extrémité du bâton à terre et que l'on l'agite en remuant le bras, il rend un son semblable à celui des hochets que l'on donne aux enfants : les messagers du prince portent un de ces bâtons à la main et quand ils arrivent dans un village, ils s'arrêtent au milieu de la place en agitant leur bâton, en criant à haute voix : Venez, venez, venez. Après avoir répété trois fois cette cérémonie, ils proclament à haute voix les ordres de leur maître, que cela soit relatif à la paix ou à la guerre, et continuent leur route. Ces ordres sont exécutés avec la plus grande exactitude : quand leur mission est remplie, ils reviennent en rendre compte au prince, et placent le bâton qui leur a servi d'insigne auprès de lui : il en a toujours une douzaine pour les remettre à ceux qu'il veut charger de quelque mission.

Ces Indiens sont très-bien faits et plus blancs que les autres; ils ont la tête rasée sur le devant, et par derrière : ils laissent seulement une couronne de cheveux d'une oreille à l'autre. Celui qui a triomphé dans un combat corps à corps livré en présence des deux armées, prend le titre de *Tapaliqui*, se rase toute la tête en mémoire de son triomphe, et ne conserve qu'une petite couronne de cheveux au haut de la tête, de la hauteur d'environ un demi-doigt; il est à remarquer qu'ils doivent avoir précisément cette longueur. Ils laissent au milieu une houppe de cheveux, beaucoup plus grande, qui a l'air d'un gland. Et ces derniers qui passent pour les meilleurs guerriers sont très-considérés.

Ces trois nations Nicaragua, Chorotega et Chontale, se fendent la langue par dessous ; quelquefois aussi, les oreilles et les parties naturelles ; mais les femmes n'ont pas cet usage. Les deux sexes se percent les oreilles et se font sur le corps, avec des couteaux en pierre, des dessins ineffaçables, dans lesquels ils introduisent une espèce de charbon noir qu'ils nomment *tile*. Chaque cacique a une marque particulière par laquelle ses vassaux le distinguent. Ces dessins sont faits par des artistes très-habiles qui gagnent leur vie à cela. Les hommes sont vêtus d'une espèce de pourpoint sans manche, en étoffe de coton tissue de diverses couleurs. Ils ont une espèce de ceinture en étoffe de coton blanche, de la largeur de la main, qu'ils tordent jusqu'à ce qu'elle ne soit pas plus grosse que le pouce. Ils se la tournent alors autour du corps, depuis l'estomac jusqu'au bas du ventre, et en passent une extrémité entre les cuisses de manière à se couvrir les parties naturelles ; ils repassent ce bout dans l'un des tours pour le maintenir, de sorte qu'ils peuvent facilement le détacher pour satisfaire à leurs besoins.

Les femmes ont des *naguas* ou jupons qui pendent de la ceinture, et leur tombent jusqu'aux genoux. Celles d'un rang élevé en ont de plus fines qui descendent jusqu'à la cheville. Elles se couvrent la poitrine avec une espèce de fichu en étoffe de coton. Les hommes urinent accroupis, et les femmes debout, partout où le besoin les en prend. Les deux sexes portent aux pieds des espèces de sandales en peaux de cerfs, qu'ils nomment *cutaras* : et ils les attachent avec une corde en coton qui passe entre les doigts du pied et se noue autour de la cheville. Les femmes portent des colliers au cou.

Cette nation est belliqueuse, rusée et perfide à la guerre. Les hommes construisent les maisons, cultivent les champs, vont à la chasse et à la pêche; tandis que les femmes s'occupent du commerce. Avant de sortir de la maison, le mari doit la balayer et allumer le feu; il prend ensuite ses armes, va labourer son champ, chasser, pêcher ou s'occuper à toute autre chose.

Il y a de bonnes mines d'or dans ce pays, mais on n'y trouve pas de fer. Les flèches sont armées de pointes en caillou, et d'arêtes provenant d'une espèce de poisson, nommé *carrizo*, très-abondant dans les lacs. Ils font leurs arcs avec du bois excellent et fort beau.

Maintenant que j'ai parlé des choses générales, je vais exposer plusieurs particularités du pays.

CHAPITRE II.

—

Informations qu'un R. P. religieux de l'ordre de la Merci prit par ordre de Pedrarias Davila, touchant les croyances, les rites et les cérémonies des Indiens de Nicaragua, pour savoir s'ils étaient chrétiens, avant que Pedrarias vînt dans ce pays. — Ce qu'ils pensaient de Dieu, de l'immortalité de l'âme, et d'autres choses que l'on crut devoir leur demander ; le tout arrangé en forme de dialogue pour éviter la prolixité. La lettre *F* indique la question faite par le religieux, qui se nommait frère François de Bobadilla, et la lettre *I* la réponse de l'Indien.

Quand Pedrarias Davila gouvernait le Nicaragua, on lui fit savoir d'Espagne, que Gil Gonzalez d'Avila avait écrit à l'empereur ; qu'il avait converti et fait baptiser 32,000 Indiens ; et que le capitaine Francisco Hernandez de Cordova, et le gouverneur Diego

Lopez de Salcedo en avaient aussi converti un grand nombre. Pedrarias, qui les regardait tous trois comme ses ennemis déclarés, vit bien qu'ils l'accusaient de négligence, parce qu'ils n'obtenaient pas les mêmes résultats. Il résolut donc de prouver, par une enquête, que cette conversion était controuvée, et que les Indiens n'étaient pas chrétiens. On aurait du reste pu faire la même chose dans la Castille d'Or, dont Pedrarias avait été gouverneur pendant quinze ans; car, soit négligence des chrétiens, soit incapacité des Indiens, race maudite de Dieu à cause de ses vices et de son idolâtrie, il est certain que parmi ceux qui consentent à recevoir le baptême, dans un âge au-dessus de l'enfance, il y en a bien peu que l'on puisse appeler chrétiens; Pedrarias chargea de cette commission son ami, frère François de Bobadilla, provincial de l'ordre de la Merci. Ce religieux s'en occupa d'autant plus volontiers, qu'il espérait, non-seulement être utile à Pedrarias, mais aussi au service de Dieu, pouvoir rendre un compte exact à l'empereur, et profiter de cette occasion pour attirer, dans le giron de l'église, le plus d'Indiens qu'il lui serait possible. Il quitta donc Léon, et se rendit en toute hâte dans la province de Nicaragua, emmenant avec lui un notaire public nommé Bartolomé Perez, qui était membre du conseil municipal de la ville de Granada ou Salteba. Il s'arrêta dans un village nommé Teola, dans la province de Nicaragua, et par le moyen des interprètes Luis d'Avila, Francisco Ortiz et Francisco d'Arcos, il interrogea, le 28 septembre 1528, quelques Indiens qu'il fit comparaître devant lui. Le premier qui se présenta fut un cacique nommé Chichoyatona. Le révérend père le baptisa, et lui donna le nom d'Alonso de Herrera. Il lui demanda ensuite s'il savait qu'il y eût un Dieu qui a créé l'homme, le monde et toutes les choses. L'Indien répondit, qu'il ne savait pas un mot de tout cela, et parut très-étonné de cette question. On demanda à un des principaux *guegue* (j'ai déjà dit que ce mot veut dire vieillard) qui se nommait Cipat, s'il voulait être chrétien. Il répondit que non. On lui expliqua ce que c'était que le Paradis et l'Enfer; mais sans qu'il y prît aucun intérêt, il répondit qu'il lui était aussi égal d'aller dans l'un que dans l'autre. Quand on lui parla du monde et des œuvres de Dieu, il dit, qu'il ne savait qui l'avait créé, qu'on ne lui en avait jamais parlé, et qu'il était tout étonné de cette question. On interrogea un autre cacique nommé Mizeztoy : il répondit qu'il était chrétien, et qu'on lui avait versé de l'eau sur la tête ; mais qu'il ne se rappelait plus le nom qu'on lui avait donné. F. Savez-vous qui a créé le ciel et la terre ? — I. Quand j'étais enfant, mon père et ma mère m'ont dit, que c'était Famagoztad et Zipaltonal. — F. Qui étaient-ils ? des hommes, des cerfs, ou des poissons ? — I. Je ne sais, mes parents ne les ont jamais vus ; ils en ont seulement entendu parler : je ne sais s'ils sont dans l'air ou ailleurs. — F. Qui a créé les hommes, les femmes et toutes les autres choses? — I. Ils ont été créés, comme je viens de le dire, par Famagoztad et Zipaltonal, et par un jeune homme nommé Ecalchot, guegue, et le petit Ciagat. — F. Où sont-ils? — I Je ne sais pas; mais ce sont nos grands dieux, que nous appelons *teotes*. — F. Ont-ils un père, une mère ou des ancêtres? — I. Non, ce sont des teotes et des dieux. — F. Les teotes mangent-ils? — I. Je ne le sais pas; mais quand nous faisons la guerre, c'est pour leur donner à manger le sang des Indiens que nous tuons ou que nous faisons prisonniers; nous répandons leur sang de tous les côtés, pour que les teotes le mangent; car nous ignorons de quel côté ils sont. Nous ne savons pas même s'ils le mangent ou non. — F. Savez-vous, ou avez-vous entendu dire, si le monde a été détruit depuis sa création? — I. J'ai entendu dire à mes pères, qu'il avait été détruit par l'eau, il y a bien longtemps. — F. Tous les hommes furent-ils noyés? — I. Je ne sais; mais les teotes ont refait le monde, et y ont remis des hommes, des oiseaux et tout ce qu'il contient. — F. Comment les teotes échappèrent-ils? fut-ce sur une montagne ou dans un canot? — I. Je sais seulement que ce sont des dieux; comment auraient-ils pu se noyer? — F. Est-ce que les cerfs et les oiseaux ne furent pas noyés? — I. Ceux qui existent à présent ont été créés de nouveau par les teotes, ainsi que les hommes et toutes les autres choses. — F. Tous les Indiens savent-ils ce que vous venez de me dire? — I. Les ministres des temples et les Caciques le savent. — F. Par qui les teotes sont-ils servis? — I. J'ai entendu dire aux vieillards qu'ils ont des gens qui les servent; que les Indiens qui meurent dans leurs maisons vont sous terre, et que ceux qui sont tués à la guerre vont servir les teotes. — F. Qu'est-ce qui est préférable d'aller sous terre ou de servir les teotes? — I. Il vaut mieux aller servir les teotes, parce que l'on y retrouve ses pères. — F. Mais si les pères sont morts dans leur maison, comment les y retrouve-t-on ? — I. Ce sont les teotes qui sont nos pères. — F. Les teotes peuvent-ils ressusciter un mort, et y en a-t-il qui soient revenus?— I. Tout ce que je sais, c'est que les enfants qui meurent avant d'avoir mangé du maïs ou cessé de téter, ressusciteront et reviendront à la maison de leurs pères qui les reconnaîtront et les élèveront; tandis que ceux qui meurent dans un âge plus avancé ne ressusciteront pas. —F. Mais, si les pères meurent avant que les enfants ressuscitent, comment pourront-ils les reconnaître et les élever? — I. Si les pères sont morts, j'ignore ce que deviendront les enfants. — F. Enfin, quel sera leur sort? — I. Je ne sais que ce que je vous ai dit, et comme ce sont mes pères qui me l'ont conté, cela doit être ainsi.

Le cacique Abalgoalteogan dit qu'il était chrétien, et qu'il se nommait D. Francisco.—

F. Est-il bon d'être chrétien? — I. Je crois que oui. — F. Pourquoi le croyez-vous? — I. Parce que les chrétiens m'ont dit que quand un chrétien meurt, il va en paradis; et que celui qui ne l'est pas va dans l'enfer avec le diable. — F. Qui a créé le ciel, la terre, les étoiles, la lune, l'homme et toutes les autres choses? — I. Famagoztad et Zipaltonal : le premier est un homme et l'autre une femme. — F. Qui a créé cet homme et cette femme? — I. Personne, mais, au contraire, tous les hommes et toutes les femmes en descendent. — F. Ont-ils aussi créé les chrétiens? — I. Je ne le sais pas; mais je sais que, nous autres Indiens, nous descendons tous de Famagoztad et de Zipaltonal. — F. Y a-t-il d'autres dieux plus puissants que ceux-là? — I. Non, nous les regardons comme les plus grands dieux. — F. Comment le savez-vous? — I. C'est pour nous une chose certaine, car nos pères nous l'ont dit. — F. Avez-vous des livres où tout cela soit contenu, comme celui que je vous montre (c'était une bible)?

— I. Non. — F. Puisque vous n'avez pas de livres, comment conservez-vous le souvenir de tout ce que vous m'avez dit? — I. Nous l'avons appris de nos ancêtres, et cela s'est transmis par tradition ; c'est ainsi que nous en conservons le souvenir. — F. L'avez-vous dit à vos enfants ?— I. Oui, je le leur ai dit, et je leur ai recommandé d'en conserver le souvenir, pour le répéter aux leurs, quand ils en auront; afin que nos descendants l'apprennent de nous comme nous l'avons appris de nos ancêtres. — F. Avez-vous jamais vu vos dieux ? — I. Non, ceux qui vivaient autrefois les ont vus, mais ceux qui vivent aujourd'hui ne les voient pas. — F. Les prêtres de vos temples leur parlent-ils ? — I. Depuis la mort d'un cacique nommé Christoval, père de (*le nom est en blanc dans le manuscrit*), ils n'ont parlé à personne dans le temple, ce qui arrivait autrefois. Ce cacique est mort depuis longtemps ; je ne l'ai pas connu, je l'ai seulement entendu dire.— F. Ces dieux sont-ils de chair, de bois ou de quelque autre matière? — I. Ils sont de chair. C'est un homme, une femme et des jeunes gens; ils sont d'une couleur brune comme les autres Indiens; ils étaient vêtus, habitaient la terre, et mangeaient les mêmes choses que les Indiens. — F. Qui les leur donnait? — I. Tout leur appartenait. — F. Où sont-ils maintenant? — I. Dans le ciel, à ce que m'ont dit mes ancêtres. — F. Comment y sont-ils montés? — I. Je l'ignore, mais je sais que c'est là leur demeure; j'ignore aussi comment ils sont nés; je sais cependant qu'ils n'ont ni père ni mère. — F. Que mangent-ils à présent? — I. La même chose que les Indiens, car les plantes et toutes les autres choses qui se mangent, sont venues de l'endroit où ils sont. — F. Savez-vous, ou avez-vous entendu dire, si le monde a été détruit, depuis que les téotes l'ont créé? — I. Avant la génération actuelle, le monde entier a été perdu par l'eau et est devenu une grande mer. — F. Comment cet homme et cette femme ont-ils échappé? — I. Dans le ciel où ils étaient; et depuis, ils sont venus sur la terre, ils rétablirent toutes les choses, et c'est d'eux que nous descendons. — F. Quand le monde fut détruit par l'eau, y eut-il quelques hommes qui s'échappèrent dans des canots, ou d'une autre manière? — I. Non, d'après ce que m'ont dit mes ancêtres, ils furent tous noyés. — F. Quand les Indiens meurent, pourquoi les teotes ne les ressucitent-ils pas? — I. Depuis que nous existons, cela a toujours été ainsi : quand un Indien ou une Indienne meurt, tout est fini. — F. Ceux qui meurent, revivront-ils un jour? — I. Non. — F. Où vont les morts? — I. Ceux qui sont bons vont au ciel avec les teotes, et les méchants vont dans un endroit souterrain qui est mauvais, et qui se nomme Miquetanteot. — F. Y vont-ils avec le même corps, la même figure, les mêmes pieds et les mêmes mains qu'ils avaient, quand ils vivaient sur la terre? — I. Non; quand ils meurent, il leur sort par la bouche quelque chose qui ressemble à une personne, et qui se nomme *Julio*. Cet être va dans l'endroit où sont cet homme et cette femme. Il ressemble à une personne mais ne meurt pas, et le corps reste ici.—F. Et le corps qui reste ici, doit-il un jour de nouveau se réunir à cette personne qui, dites-vous, sort par la bouche?—I. Non.—F. Quels sont ceux que vous regardez comme bons, et qui iront en haut; et ceux que vous regardez comme méchants, et qui iront en bas?—I. Je regarde comme bons ceux qui songent aux dieux, qui balayent les temples ou les maisons de prière, ceux-là vont au ciel; mais ceux qui ne le font pas vont sous terre. — F. Qui les tue quand ils meurent? — I. Les teotes tuent ceux qui ne veulent pas les servir; quant aux autres, ils ne meurent pas et vont au ciel; car là-haut ils sont vivants, quoique morts sur la terre.

Le Révérend père interrogea ensuite un vieillard nommé Tacoteyda, prêtre d'un des détestables temples de la ville de Nicaragua. Il paraissait âgé d'environ soixante ans. On lui demanda s'il était chrétien, et il répondit que non. — F. Voulez-vous l'être? — I. Non, je suis déjà vieux, pourquoi me ferais-je chrétien? — F. Parce qu'il vous en reviendra de grands biens dans cette vie ou dans l'autre, où nous devons tous rester; si vous refusez de l'être, vous souffrirez beaucoup de maux dans cette vie et dans l'autre, et vous irez avec le démon; si au contraire vous êtes catholique, vous ne le verrez pas et vous n'aurez pas sujet de le craindre. — I. Je suis vieux et je ne suis pas cacique; pourquoi me faire chrétien? Enfin, malgré toutes les instances de frère Bobadilla, il ne voulut jamais se faire chrétien. — F. Puisque tu es un homme et non une bête, sais-tu qui a créé le ciel et la terre? — I. Ce sont Famagoztad et Zipaltonal qui les ont créés, ainsi que les étoiles et tout le reste. — F. Sont-ce des hommes? — I. Oui, ce sont des hommes. — F. Comment le savez-vous? — I. Mes ancêtres me l'ont dit. — F. Où sont vos dieux? — I. Mes ancêtres m'ont dit qu'ils sont du côté où le soleil se lève.—F. Sont-ils dans le ciel, dans la mer ou dans quelque autre endroit?—I. Je ne sais où ils sont; mais, quand nous en avions besoin pour la guerre et avant l'arrivée des chrétiens, nous les appelions à notre secours en jetant des cris au ciel. — F. Écoutaient-ils vos cris, et vous parlaient-ils dans vos temples?—I. Nos ancêtres disaient qu'il y a bien longtemps, ils venaient et leur parlaient, mais ils ne viennent plus. — F. Les teotes mangent-ils? — I. J'ai entendu dire à mes pères qu'ils mangeaient le sang et le cœur des hommes et de quelques oiseaux. On brûlait aussi de la résine en leur honneur, et c'est cela qu'ils mangent.—F. Qui a créé Famagoztad et Zipaltonal? — I. Je ne sais pas. — F. Sont-ils de chair, de pierre, de bois ou de quelqu'autre matière?—I. Ce sont des jeunes hommes, semblables aux Indiens.— F. Si ce sont des hommes, comment sont-ils nés sans femmes? — I. Je ne le sais pas. — F. Depuis que le monde est créé, a-t-il été détruit, ou doit-il l'être un jour?—I. Je ne sais, si d'autres l'ont dit, c'est qu'ils le savent; quant à moi, je l'ignore. — F. Quand les Indiens meurent, où vont-ils? — I. Sous terre; mais ceux qui sont tués à la guerre, après avoir bien vécu, vont en haut où sont Famagoztad et Zipaltonal.—F. Vous disiez tout à l'heure que vous ne savez pas où ils sont, comment pouvez-vous dire à présent que ceux qui meurent à la guerre ou qui ont bien vécu vont en haut, auprès d'eux? — I. Nous appelons en haut le côté où le soleil se lève.—F. Et que deviennent les Indiens qui vont sous terre? — I. On les enterre et tout est fini. — F. Ceux qui vont en haut conservent-ils le même corps, la même figure et les mêmes membres qu'ici-bas? — I. Non, il n'y a que le cœur. — F. Mais puisqu'on leur arrache le cœur, comment y va-t-il?—I. Ce n'est pas précisément le cœur, mais ce qu'il y a en eux qui les fait vivre, et qui quitte le corps quand ils meurent. — F. Ceux qui sont morts reviendront-ils un jour?

—I. Ils ne reviendront pas. — F. Que feront Famagoztad et Zipaltonal, quand tous les hommes seront morts? — I. J'ignore ce qu'ils feront.

Le religieux, voyant ces réponses si peu concordantes entr'elles, voulut savoir la vérité à fond, et fit appeler un vieil Indien de la ville même de Nicaragua. Il se nommait Coyen, sa tête était couverte de cheveux blancs, et tous ceux qui le virent lui donnaient au moins quatre-vingts ans. On lui demanda s'il était chrétien; il répondit que oui, et qu'on lui avait versé de l'eau sur la tête, mais qu'il ne se rappelait plus le nom qu'on lui avait donné. — F. Comme tu es bon, l'empereur, qui est le grand teote de Castille, m'a envoyé pour t'enseigner notre sainte religion catholique, et pour que tu me dises tout ce que tu sais; parle sans crainte, on ne te fera aucun mal. — I. Je te dirai tout ce que je sais. — F. Qui a créé le ciel, la terre, les hommes et tout le reste? — I. Famagoztad et Zipaltonal ont tout créé. — F. Sont-ce des hommes ou des femmes? — I. Ce sont des dieux et non des hommes. — F. Viennent-ils parler aux prêtres de vos temples? — I. Non, et j'ignore d'où ils sont sortis : mes pères m'ont dit qu'ils sont en haut. — F. Avez-vous des livres qui contiennent ce que tu dis? — I. Nous n'en avons pas, et nous ne le savons que parce que nos ancêtres nous l'ont transmis dans leurs discours. — F. Ces dieux mangent-ils? — I. Ils mangent du sang et des cœurs d'enfants, ainsi que le parfum de la résine. Ce sont des hommes comme les Indiens et ils sont jeunes. — F. Tu dis donc qu'ils sont des dieux, comment sont-ils nés? — I. Je l'ignore; je sais seulement que ce sont des dieux. — F. Ont-ils parcouru la terre? — I. Non, et je ne sais s'ils ont eu un père et une mère. — F. Le monde a-t-il été détruit depuis sa création, doit-il l'être un jour? que sais-tu à cet égard? — I. Il a été détruit par l'eau et tous les hommes ont été noyés, sans qu'il restât un être vivant. Les dieux dont j'ai parlé le créèrent de nouveau. Je regarde cela comme certain, car je l'ai ouï dire à mes pères. — F. Où vont les Indiens après leur mort? — I. Sous terre, et ceux qui sont tués à la guerre vont en haut avec les teotes. — F. Y vont-ils avec leur corps comme ils sont ici? — I. Le corps se pourrit dans la terre, et le cœur va en haut. — F. Mais si on leur enlève le cœur et qu'on l'emporte? — I. On ne peut l'enlever; le cœur dont je parle est ce qui les fait vivre, et qui cause leur mort quand il les abandonne. — F. Ceux qui meurent reviendront-ils sur la terre? — I. Non, ils restent là-bas.

Le 30 du même mois, on interrogea dans le même village de Nicaragua le cacique Quiabit, seigneur de Xaxoita, âgé d'environ trente ans. On lui fit d'abord demander par les interprètes s'il était chrétien; il répondit que non. — F. Voulez-vous l'être? — Je le veux bien. Le religieux le baptisa, et le nomma D. Francisco de Bobadilla. Ses parrains furent un prêtre nommé Diego de Escobar et un religieux nommé Alonzo de Herrera Davila. — F. Sais-tu qui a créé le ciel, la terre, les hommes et tout le reste? — I. Je ne le sais pas. — F. Où vont les Indiens après leur mort? reviendront-ils dans ce monde? — I. Je l'ignore.

On interrogea ensuite un Indien d'environ trente ans, nommé Atochinal. Il dit qu'il était chrétien, mais qu'il avait oublié le nom qu'on lui avait donné. — F. Toi, qui es un homme d'un rang élevé, dis-moi si tu sais ou si tu as entendu dire qui a créé le ciel, la terre et tout le reste? — I. Famagoztad et Zipaltonal : cette dernière est une femme. Ce sont des dieux; comme je ne les ai pas vus, je ne sais s'ils sont de chair ou d'une autre matière; mais mes ancêtres m'ont dit qu'ils étaient en haut dans le ciel. — F. Ces dieux mangent-ils? — I. Oui. — F. Que mangent-ils? — I. Des poules, du maïs et tout ce qu'ils veulent. — F. Mangent-ils aussi le cœur et le sang des Indiens? — I. Je ne le sais, ni ne l'ai entendu dire. — F. Ces dieux sont-ils mari et femme? — I. Je l'ignore; je ne l'ai pas entendu dire, mais je le crois, puisque l'un est un homme et l'autre une femme. — F. Depuis que ces dieux ont créé le monde a-t-il été détruit ou doit-il l'être un jour? — I. Mes pères m'ont dit qu'il avait été détruit; je ne sais si c'est par l'eau, par le feu ou de toute autre manière. — F. Comment les dieux ont-ils échappé? — I. Je l'ignore; ce sont des dieux. — F. Famagoztad est-il jamais mort? — I. C'est un dieu, comment serait-il mort? — F. Quand les Indiens meurent, où vont-ils? — I. Julio, c'est-à-dire l'âme, va avec les dieux quand l'on a été bon, et sous terre quand l'on a été méchant. — F. Que font ceux qui vont en haut? — I. Ils redeviennent des hommes, je ne sais s'ils balayent ou ce qu'ils font. — F. Ont-ils leurs corps là-haut comme ils l'avaient ici-bas? — I. Je ne sais; je vois cependant que les os restent ici, et que la chair se pourrit. — F. Quand on leur ôte le cœur, va-t-il aussi en haut? — I. Ce n'est pas leur cœur qui va en haut, mais ce qui les faisait vivre; c'est-à-dire, le souffle qui leur sort par la bouche, et que l'on nomme Julio.

Tous ces interrogatoires durèrent trois jours. Diego de Escobar, prêtre, le capitaine Alonso de Montenegro et Alonso de Herrera Davila y assistaient avec les interprètes.

Le R. religieux fit ensuite réunir treize Indiens, caciques ou prêtres de leurs temples infernaux, et leur demanda s'ils étaient originaires du pays de Nicaragua, et d'où ils étaient venus? — Nous ne sommes pas originaires de ce pays, nos ancêtres y sont venus depuis un temps immémorial; cela n'est pas arrivé de nos jours. — F. Comment se nommait le pays qu'ils habitaient, et pourquoi l'ont-ils abandonné?—I. Le pays qu'habitaient nos ancêtres se nommait Ticomega Emaguatega (1) et est situé au couchant. Ils le quittèrent, parce qu'ils avaient des maîtres qu'ils servaient et qui les

(1) Voilà ce que raconte à cet égard le P. Torquemada (*Monarquía indiana*, liv. III, chap. XL) : les habitants de Nicaragua et de Nicoya, que l'on nomme aussi Mangues, habitaient autrefois le désert de Xoconuchco, sur le territoire mexicain. Ceux de Nicoya, qui descendent des Chololtecas, demeuraient dans l'intérieur, du côté des montagnes; et ceux de Nicaragua, qui descendent des Mexicains d'Anahuac, s'étaient fixés sur les

maltraitaient. — F. Ces maîtres étaient-ils des chrétiens ou des Indiens ? — I. C'étaient des Indiens. — F. En quoi les servaient-ils, et pourquoi s'en allèrent-ils? — I. Ils labouraient la terre, l'ensemençaient, et les servaient comme nous servons aujourd'hui les chrétiens ; leurs maîtres les y forçaient et les dévoraient même. C'est pourquoi la crainte leur fit abandonner leurs maisons, et ils vinrent s'établir dans le Nicaragua. Les maîtres étaient venus d'un autre pays, et comme ils étaient

côtes de la mer du Sud. Ces deux nations étaient très-nombreuses. On dit qu'ils séjournèrent dans cet endroit sept ou huit âges d'hommes ; et, que dans ce temps-là, on devenait si vieux, que l'on finissait par être absorbé par le soleil.

Au bout de ce temps, ils furent attaqués par une armée nombreuse d'Ulmèques, qui venaient du côté de Mexico, et étaient déjà leurs ennemis mortels, avant qu'ils fussent venus s'établir dans le désert, qui est entre Xoconuchco et Tequantepec. Les Ulmèques les vainquirent, et leur imposèrent les tributs les plus durs, entre autres celui d'un grand nombre de jeunes filles dont ils abusaient. Chaque village devait fournir journellement deux jeunes garçons, mais les Indiens n'ont pas su me dire si c'était pour les sacrifier, pour les dévorer ou pour en faire des esclaves.

Ne pouvant supporter une pareille servitude, ils s'adressèrent à leurs prêtres, et leur demandèrent ce qu'ils devaient faire. Ceux-ci, après avoir consulté leurs dieux, leur répondi-

très-nombreux, ils avaient subjugué nos ancêtres, qui émigrèrent et vinrent ici. — F. Quelles sont vos croyances, qui adorez-vous? — I. Nous adorons Famagoztad et Zipaltonal

rent qu'il fallait qu'ils abandonnassent le pays, emmenant avec eux leur famille et tout ce qu'ils possédaient. Ils suivirent ce conseil, et après avoir traversé le Guatemala, ils arrivèrent dans la province qu'ils habitent actuellement. Les Chololtecas s'établirent sur les bords de la mer du Sud, et fondèrent les villages de Nicoya, Cantren, Orotina et Chorote ; les Mexicains s'établirent sur les bords du lac d'Eau-Douce. Quelques-uns se fixèrent dans le Guatemala et y fondèrent les villes de Mictlan et Yzcuitlan : leurs descendants sont connus sous le nom de Pipiles.

Ceux qui s'établirent sur le lac de Nicaragua furent très-bien traités par les habitants, qui les reçurent comme des hôtes ; ils feignirent de vouloir continuer leur route, et leur demandèrent des tamemes ou porteurs. Mais, dès la première nuit, ils profitèrent de leur sommeil pour les massacrer. Ils en firent ensuite autant à ceux qui étaient restés dans le village, et se rendirent ainsi les maîtres du pays. Ceux qui parvinrent à s'échapper, se réfugièrent dans la province de Nicoya. Les Mexicains fondèrent plus tard sur les bords du lac la ville de Xolotlan, que l'on nomme Nagrando en langue mangue (ou chorotega), et que les Espagnols ont appelée Léon. Au chap. LXXXI du liv. II, Torquemada parle d'une prétendue conquête de Nicaragua, par Montezuma, et raconte aussi cette histoire du massacre des porteurs. Il est évident que c'est la même, et qu'il a appliqué à un temps moderne une tradition beaucoup plus ancienne. Quoique cette narration ne concorde pas avec celle d'Ixtlilxochitl, que j'ai rapportée plus haut, il n'en résulte pas moins de toutes deux que les habitants des plaines de Nicaragua étaient de race mexicaine.

qui sont nos dieux. — F. Qui vous envoie la pluie et toutes les autres choses? — I. Celui qui nous envoie la pluie est Quiateot (1); c'est un homme qui a un père et une mère. Le père se nomme Homey-Atelite, et la mère Homey-Ateciguat. Ils demeurent à l'extrémité du monde, à l'endroit d'où sort le soleil qui est dans le ciel. — F. Ont-ils vécu sur la terre? — I. Non. — F. Comment est né celui que vous dites avoir un père et une mère? — I. Ils se sont connus charnellement et sa mère l'a enfanté. C'est lui qui nous donne de l'eau, et qui envoie le tonnerre, les éclairs et la pluie. — F. D'où étaient-ils venus? — I. Nous ne le savons ni ne pouvons le deviner. — F. Qui a créé le ciel, la terre, les étoiles et tout le reste? — I. C'est Famagoztad et Zipaltonal. — F. Savez-vous si ce sont eux qui ont créé les père et mère de Quiateot? — I. Ce n'est pas eux qui les ont créés; ce qui a rapport à l'eau est une

(1) *Quia teot* vient de *quia*, pluie, et *Teotl*, Dieu. Molina, dans son dictionnaire mexicain, traduit pluie par *quiavit*, sans

toute autre affaire, mais nous n'en savons pas davantage à ce sujet. — F. Quiateot est-il marié? — I. Non, il ne l'est pas. — F. Qui le sert? — I. Nous pensons qu'il doit avoir des serviteurs, mais nous ne les connaissons pas. — F. Que mange-t-il? — I. Ce que nous mangeons ici, puisque c'est de là que nos aliments nous sont venus. — F. Qui regardez-vous comme le plus puissant, le père, la mère ou le fils? — I. Ils sont égaux tous trois. — F. Où lui demandez-vous de l'eau, et comment faites-vous pour en obtenir? — Pour obtenir de l'eau, nous allons à un temple qui lui est dédié, et nous y sacrifions de jeunes garçons et de jeunes filles. Après leur avoir coupé la tête, nous frottons de leur sang les images et les idoles de pierre qui sont dans cette maison de prière, consacrée à nos dieux, et que dans notre langue on nomme Teobat. — F. Que faites-vous des corps de ceux qui sont ainsi

---

faire attention que c'est un mot composé de *quia* et de *vitl*; grand, fort.

sacrifiés? — I. On enterre les corps des enfants, ceux des hommes sont mangés par les caciques et les chefs, seulement le reste du peuple n'en mange pas. — Quand vous avez fait cela, votre dieu envoie-t-il de l'eau? — I. Quelquefois oui et quelquefois non. — F. Pourquoi allez-vous dans les temples, qu'y dites-vous et qu'y faites-vous? — I. Les temples sont pour nous ce que les églises sont pour les chrétiens; ce sont les temples de nos dieux; nous y brûlons des parfums en leur honneur, nous leur demandons la santé quand nous sommes malades, de l'eau quand il ne pleut pas, car nous sommes pauvres : et si la terre se dessèche, elle ne produit pas de fruits. Nous leur demandons ainsi tout ce dont nous avons besoin. Le principal cacique entre dans le temple et y prie au nom de tous; les autres Indiens n'y entrent pas. Le cacique reste en prière pendant un an entier, et pendant tout ce temps-là il ne sort pas du temple. Quand il en sort, on célèbre une grande fête en son honneur, des danses et des festins ; on lui perce les narines pour montrer qu'il a été pontife du temple, ce qui est un grand honneur, et l'on cherche un autre cacique pour le remplacer; ainsi il y en a toujours un dans le temple. Ceci se pratique dans les temples principaux. Quant à ceux qui ne sont que des espèces d'oratoires, chacun peut y mettre un de ses fils; et tous ceux qui veulent peuvent y entrer, si toutefois ils ne sont pas mariés, et à la condition de ne pas approcher de femmes pendant toute une année; c'est-à-dire, jusqu'à ce que les caciques et les prêtres qui sont dans le temple en soient sortis.—F. Les gens mariés, qui veulent entrer dans le temple et quitter leurs femmes, peuvent-ils le faire? — I. Oui, mais à l'expiration de l'année ils doivent retourner avec leurs femmes, et quand ce sont des caciques, ils reprennent le gouvernement. — F. Qui leur porte à manger? — I. Des enfants leur en apportent de la maison de leur père, et pendant tout le temps qu'ils sont dans le temple, personne n'y entre non plus que dans la place qui le précède, à l'exception des jeunes garçons qui leur portent à manger. — F. Pendant le temps qu'ils passent dans le temple parlent-ils avec les dieux? — I. Il y a bien longtemps que nos dieux ne sont venus, ni ne nous ont parlé; mais ils le faisaient autrefois, à ce que nous ont dit nos ancêtres; tout ce que nous savons, c'est que celui qui est chargé de prier demande aux dieux de la santé, de l'eau et les autres choses dont nous avons besoin. — F. En temps de guerre, sortent-ils du temple? — I. Non, et la place devant le temple est toujours très-propre. — F. Qui est ce qui la nettoie et la balaye? — I. Les jeunes garçons seulement, les hommes mariés et les vieillards ne s'en mêlent pas. — F. Avez-vous dans l'année des jours fixés où tout le monde va au temple? — I. Nous avons vingt et un jours de fêtes que nous passons à nous divertir, à boire, chanter et danser autour de la place; mais il n'est permis à personne d'y entrer. — F. Les femmes travaillent-elles à recueillir de la paille, à apporter du bois ou tout autre chose qui serve à construire ou à réparer le temple? — I. Les femmes ne peuvent prendre part à rien de ce qui concerne les temples, et n'y sont admises en aucun cas. — F. Mais puisque vous sacrifiez quelquefois des femmes, vous violez donc la loi qui leur défend d'entrer dans le temple? — I. Quand l'on sacrifie des femmes dans les temples ou dans les principales maisons de prière, on les tue hors de la place; mais on peut sacrifier des femmes dans l'intérieur des temples ordinaires. — D. Que faites-vous du sang des Indiens qui sont sacrifiés hors des places et des temples principaux? — I. On l'apporte dans le temple, le prêtre y trempe la main et en frotte la figure des idoles qui y sont. — F. Que faites-vous du corps? — On le mange; mais comme il est défendu d'y faire entrer de la chair de femme, le cacique ou prêtre qui y est renfermé n'en mange pas. Lorsque la victime est un homme, le prêtre en reçoit sa part pour la manger. — F. Ceux qui sont sacrifiés, le sont-ils volontairement; les tire-t-on au sort, ou qui leur impose cette peine? — I. Ce sont des esclaves ou des prisonniers de guerre. — F. Comment sacrifiez-vous à vos dieux des gens de la condition infime, puisque vous les estimez tant? — I. Nos ancêtres faisaient comme cela, et nous avons fait comme eux. — F. Offrez-vous encore d'autres choses dans vos temples? — I. Chacun apporte ce qu'il veut offrir, comme des poules, du poisson, du maïs, etc.; les jeunes garçons le reçoivent et le portent dans le temple. — F. Qui mange ce qui est ainsi offert? — I. C'est le prêtre du temple, et s'il en reste, ce sont les jeunes garçons. — F. Porte-t-on ces vivres tout cuits au temple? — I. Oui; on n'y porte jamais rien de cru. — F. Quelqu'un mange-t-il de ces offrandes avant le prêtre? — I. Personne n'en mange ni n'y touche avant le prêtre; car c'est une des cérémonies les plus importantes de nos temples. — F. Pourquoi sacrifiez-vous en vous incisant la langue? — I. Nous le faisons toujours quand nous allons vendre, acheter ou conclure quelque marché; parce que nous croyons que cela nous procure une heureuse réussite. Le dieu que nous invoquons à cet effet se nomme Mixcoa. — F. Où est votre dieu Mixcoa? — I. Ce sont des pierres figurées que nous invoquons en son honneur. — F. Comment savez-vous que ce dieu vous aide dans les marchés que vous faites? — Parce que, chaque fois que nous l'avons fait, nous nous en sommes bien trouvés. — F. Pourquoi ovus incisez-vous le membre viril? — I. Il y a quelques mauvais sujets qui le font pour faire plaisir aux femmes; mais cela n'est pas notre habitude. — F. Est-il jamais venu dans le Nicaragua d'autre nation que les Espagnols, qui vous aurait enseigné toutes ces cérémonies, ou qui vous aurait ordonné de vous verser de l'eau sur la tête, ou de vous couper le prépuce; et saviez-vous que les chrétiens devaient arriver dans ce pays? — I. Nous ne savions rien de tout cela; mais depuis que les chrétiens sont venus, ils nous ont dit qu'il était bon de nous verser de l'eau sur la tête et de nous baptiser. — F. Que croyez-vous qui se lave avec l'eau qu'on verse sur la tête? — I. Le cœur. — F. Comment savez-vous que le cœur se lave? — I. Nous savons seulement qu'il est purifié; c'est à vos prêtres de l'expliquer. — F. Quand vous mourez, comment disposez-vous votre maison; quelles précautions prenez-vous pour l'autre vie? — I. Quand nous mourons, nous recommandons à ceux qui nous survivent notre maison, nos enfants et nos biens, pour qu'ils ne périssent pas et qu'ils en aient soin, puisque nous quittons cette vie. Celui qui meurt va en haut avec les teotes s'il a été bon, et en bas, sous terre, s'il a été méchant. — F. Quels sont vos dieux? — I. Nos dieux sont Famagoztad et Zipaltonal. Quand nous y allons, ils disent : Voici nos enfants qui viennent. — F. Pourquoi brisez-vous des figures sur les tombeaux? — I. Pour qu'on se souvienne de nous pendant vingt ou trente jours; mais ensuite on nous oublie. — F. Pourquoi, à la mort de l'un de vous, avez-vous l'habitude de vous peindre en rouge, de vous revêtir de plumes, de chanter, de jouer de vos instruments, de danser et de célébrer des fêtes? — I. Nous ne faisons rien de tout cela. Quand nos enfants meurent, nous les enveloppons dans une étoffe de coton, et nous les enterrons devant nos portes. Tout ce que nous laissons est pour nos enfants, qui héritent de nous s'ils sont légitimes, c'est-à-dire, fils du père et de son épouse, et nés dans la maison; mais ils n'héritent pas, quand ils sont fils d'autres femmes et nés hors de la maison : car, on ne regarde comme légitimes que ceux qui naissent dans l'intérieur des portes de la maison; si nous mourons sans enfants, on enterre avec nous tout ce que nous possédons. — F. Comment célébrez-vous les funérailles?—I. Quand un chef ou un cacique est mort, on rassemble beaucoup d'étoffes de coton, de chemises, de manteaux du pays, de plumes, de chasse-mouches, et toutes sortes d'objets qui lui ont appartenu; on brûle une portion de chaque genre d'objet avec le corps du cacique, ainsi que tout l'or qu'il possédait. L'on réunit ensuite toutes les cendres, que l'on met dans une terrine ou dans un vase; et on l'enterre, avec les cendres du défunt, devant sa maison. — F. Pourquoi ne les enterrez-vous pas dans les temples? — I. Parce que ce n'est pas la coutume. — F. Mettez-vous des vivres avec eux? — I. Au moment de les brûler, on met un peu de maïs dans une calebasse qu'on attache au corps du défunt, et qu'on brûle avec lui. — F. Le cœur, le julio ou l'âme meurt-il avec le corps? — I. Quand le défunt a bien vécu, le julio va en haut avec nos dieux, et quand il a mal vécu, le julio périt avec le corps, et il n'en est plus question. —F. Au moment de la mort, les Indiens ont-ils des visions ou voient-ils quelque chose ? — I. Au moment de mourir, ils ont des visions, ils voient des personnes, des serpents, des lézards et d'autres choses effroyables qui les remplissent de crainte. Ils voient par là qu'ils doivent mourir. Les êtres qu'ils voient ne leur parlent pas et ne font que les effrayer. Quelquefois ceux qui sont morts reviennent dans ce monde, apparaissent aux vivants sous diverses formes et les épouvantent. —F. Trouvez-vous que les croix élevées par les chrétiens vous en garantissent? —I. Beaucoup ; depuis que les chrétiens en ont élevé, nous n'avons plus de visions. —F. Qui vous a enseigné à donner à vos idoles la forme qu'elles ont ? — I. Nos ancêtres nous ont laissé des idoles de pierre, et c'est sur ce modèle que nous avons fait celles qui sont dans nos maisons. — F. Pourquoi en avez-vous dans vos maisons? — I. Pour pouvoir les invoquer quand nous voulons entreprendre quelque chose et leur demander la santé. — F. Sacrifiez-vous aux idoles qui sont dans vos maisons, pour qu'elles vous aident et vous conservent la santé? — Non.

CHAPITRE III.

Continuation des rites et des cérémonies des Indiens du Nicaragua. — Nouvelles questions que fit frère Francisco de Bobadilla. — Mariages et autres coutumes de cette province. — Des Indiens qu'il baptisa. — Du feu et de la fumée qui sortent de certaines montagnes. — Autres faits remarquables relatifs à cette histoire.

Le révérend père, voulant être bien informé de tout ce qui est relatif au Nicaragua, réunit un nombre suffisant d'interprètes, et un grand nombre de caciques et de vieillards pour s'informer de tout ce qui a rapport aux mariages. Les Indiens lui répondirent : Quand nous voulons marier nos enfants, le père du jeune homme va trouver celui de la jeune fille, et la lui demande pour son fils. S'il y consent, on tue des poules du pays, qui sont aussi grandes que les oies, et d'un meilleur goût. On prépare du cacao, amande qui, comme je l'ai dit, leur tient lieu de monnaie, et des *xulos*, espèce de petit chien sans voix qu'ils élèvent dans leurs maisons et qui sont bons à manger. Ils invitent ensuite leurs parents et leurs amis, et célèbrent de grandes fêtes. Le mariage se contracte de la manière suivante : On demande au père et à la mère de la jeune fille ou à celui qui la marie, si elle est vierge; s'ils répondent que oui et que le mari ne la trouve pas telle, il la renvoie, et elle est perdue de réputation. Mais si, n'étant pas vierge, ils en conviennent avant le mariage, il n'en est pas moins valable, car beaucoup d'Indiens préfèrent les femmes qui ne le sont pas. On lui donne en dot des arbres fruitiers, tels que des *mameyes*, des *nisberos*, des *cocales* et des *ciruelos*, de l'espèce qui sert à faire du vin dans ce pays, des terres et d'une partie des propriétés du père. Le mari en reçoit autant du sien. S'ils meurent sans enfants, les biens reviennent à leur famille ; si au contraire ils en ont, ils héritent. Pour conclure le mariage, le cacique prend le fiancé et la fiancée par le doigt auriculaire de la main gauche et les conduit dans une petite maison destinée à cet usage, et leur dit : Rappelez-vous que vous êtes mariés, ayez soin de vos biens et tâchez de les augmenter et de ne pas les perdre. On les laisse ensuite seuls devant un petit feu de résine qui suffit pour les éclairer. Dès qu'il est éteint, le mariage est fait et ils n'ont plus qu'à le consommer. Le lendemain, les parents vont en grande cérémonie visiter les nouveaux époux et leur font des présents. Mais avant cela, le mari leur dit s'il a trouvé sa femme vierge, et dans ce cas, ses parents et ses amis jettent des cris de victoire; et s'il ne l'a pas trouvée telle, il la renvoie à ses parents et en épouse une autre. — F. Vos usages permettent-ils à un Indien d'avoir plus d'une femme? — I. Il ne peut avoir plus d'une femme légitime, mais il y a des Indiens qui vivent avec leurs esclaves. Cependant elles ne sont pas leurs femmes; on ne peut quitter la femme qu'on a épousée ni en prendre une autre pendant sa vie. Quelquefois nous nous brouillons avec elle, mais quand la colère est passée, nous la reprenons. Si un homme marié épouse une autre femme, on le dépouille de tous ses biens et on l'exile. S'il revient, ses parents lui font des reproches et le renvoient. Pour le réprimander, ils forment entre eux une espèce de *nexico* ou conseil, lui reprochent sa mauvaise conduite et le chassent; mais ils ne le tuent pas pour cela. On punit de la même manière celle qui épouse un homme qu'elle sait être marié; on l'exile après avoir confisqué tout ce qu'elle possède, au profit de la première femme, qui a le droit de se remarier puisque son mari a pris une autre femme pendant sa vie et qu'il est exilé du pays; si néanmoins elle a des enfants, elle ne peut se remarier. La femme qui se rend coupable d'adultère, est renvoyée chez son père avec tout ce qu'elle possède, et le mari peut contracter une nouvelle union, puisque sa femme s'est mal conduite, mais elle ne peut se remarier. — F. Comment punissez-vous celle qui commet un adultère? — I. Le mari lui fait des reproches, lui donne des coups de bâton, mais ne la tue pas. — F. Que deviennent les enfants des exilés, ou de la femme dont le mari en épouse une autre parce qu'elle a été adultère? — I. Ils restent avec le père ou la mère selon la volonté du premier. — F. Et si quelqu'un enlève une femme mariée et la conduit dans un autre pays? — I. Personne ne s'en occupe, cela est égal au mari puisque c'est une mauvaise femme, et personne ne lui en fait de reproches; les parents de la femme se contentent de la maudire et sont indignés de sa conduite. — F. A quel degré vous est-il permis d'épouser vos parentes? — I. On ne peut épouser ni sa mère, ni sa fille, ni sa sœur; le mariage est permis à tous les autres degrés, parce qu'il resserre les liens de la parenté. — F. Comment punissez-vous celui qui abuse de sa sœur? — I. Cela n'arrive jamais; mais si quelqu'un abuse de la fille de son maître ou de son seigneur, tous les parents qui habitent la maison s'emparent des coupables et les enterrent tous vifs, en disant : *Mort à tous les scélérats.* On ne célèbre en leur honneur aucune fête et on ne porte pas leur deuil. — F. Avez-vous des officiers de justice chargés de punir les crimes? — I. Non, si un Indien en tue un autre, celui qui est mort est mort, et personne ne s'en mêle; si cependant la victime est un homme libre, le meurtrier donne à ses parents un esclave mâle ou femelle, des étoffes ou tout autre chose, et il n'y a pas d'autre châtiment. — F. Comment punissez-vous celui qui tue un cacique? — I. Cela n'arrive jamais; un cacique n'a pas de rapport avec les gens de basse condition. — F. Comment punissez-vous les voleurs? — I. Le propriétaire qui surprend un voleur, le conduit à sa maison et le tient attaché jusqu'à ce qu'il ait restitué la chose volée ou l'ait satisfait d'une autre manière. Le voleur qui n'en a pas le moyen, devient l'esclave du volé, mais s'il peut se racheter, on lui rase les cheveux, pour montrer qu'il a été voleur, et avant qu'ils repoussent sa mauvaise réputation est établie; mais une fois repoussés on ne les lui coupe plus.—F. Quelle peine infligez-vous au péché contre nature, à celui qui est le patient et que vous nommez *cuylon*? — I. Les enfants lui jettent des pierres, le maltraitent et l'appellent coquin et quelquefois il meurt à la suite de ces mauvais traitements. — F. Y a-t-il parmi vous de mauvaises femmes qui vendent leur corps pour de l'argent? — I. Il y en a, et ce qu'elles gagnent leur appartient. — F. Ces femmes ont-elles des souteneurs (*ruffianos*) auxquels elles donnent une partie de ce qu'elles gagnent? — I. Elles ont des souteneurs avec lesquels elles vivent sans cependant leur rien donner. — F. Comment punissez-vous celui qui viole une femme dans les champs? — I. Si elle jette des cris, on accourt, on garrotte le criminel, on le conduit à la maison du père de la femme, et on le tient attaché pendant cinq ou six jours, jusqu'à ce qu'il se rachète, ou qu'il satisfasse les parents; s'il n'a pas de quoi se racheter, il devient leur esclave. Si la femme est sans parents, il devient l'esclave de celle qu'il a voulu violer. — F. Quand un Indien devient pauvre, comment fait-il pour vivre? — I. Dans les cas de la plus grande nécessité, et quand on a vendu tout ce qu'on possède, les pères vendent quelquefois leurs enfants. On peut aussi se vendre soi-même; dans ce cas, on a droit de se racheter du consentement du maître auquel on appartient, mais seulement s'il le veut bien. — F. Comment mangez-vous la chair humaine; pourquoi le faites-vous; est-ce par manque de vivres ou pour d'autres raisons? — I. On tranche la tête à celui qui doit mourir et on coupe son corps par petits morceaux, que l'on fait cuire dans de grandes marmites en y ajoutant du sel et du poivre, et tout ce qui est nécessaire pour l'assaisonner. Quand il est cuit, on apporte du pain de maïs et les caciques s'asseyent autour et en mangent, en buvant du cacao. Quant à la tête, on ne la fait ni cuire ni rôtir; on l'expose sur un pieu devant les temples. Voici les cérémonies que nous observons pour manger de la chair humaine, qui a pour nous le même goût que celle des porcs et des dindons, et des chiens que nous regardons comme un mets délicieux. Nous donnons les entrailles aux musiciens que nous appelons *escolotes*. Ce sont ceux qui, dans les fêtes, jouent de la trompette pendant le festin des caciques, quand ils soupent ou qu'ils vont se coucher, comme les chrétiens le font à l'égard de leurs principaux chefs. Ces *escolotes* mangent les entrailles comme la chair. —

F. Ne nommez-vous pas vos conseils et assemblées secrètes *monojicotones?* — I. Oui, et nous nous réunissons quand le cacique a quelque chose à proposer relativement à la guerre ou à d'autres affaires. Le cacique, que nous appelons *teite*, fait un discours, expose l'affaire dont il est question, et nous demande notre appui, en nous représentant que ce qu'il propose est pour le bien général. Quand le cacique a parlé, les autres donnent leur avis, et l'on convient de ce que l'on doit faire.

La maison où le conseil se rassemble se nomme *grepon;* j'ai vu aussi sur les places beaucoup de portiques à côté les uns des autres, et cependant séparés, dans chacun desquels il y a un chef avec quelques hommes pour garder le cacique. Ces portiques se nomment *Galpon.*

F. Il y a le long des chemins, des pierres sur lesquelles vous jetez de l'herbe en passant, pourquoi le faites-vous? — I. Parce que nous pensons que cela nous préserve de la fatigue et de la faim, ou que nous en souffrons moins.

Le dieu de la faim se nomme *Vizteot*. — F. Avez-vous encore d'autres dieux ? — I. Le dieu de l'air se nomme *Chiquinau* et *Hecat* (1). — F. Lors des vingt et une fêtes que, d'après ce que vous m'avez dit, vous célébrez chaque année, quelles solennités observez-vous ? — I. Ces jours-là nous ne travaillons pas, nous ne pensons qu'à nous enivrer, nous n'approchons pas de nos femmes, et pour en éviter les occasions, elles couchent dans les maisons et nous allons dehors. Si quelqu'un approchait de sa femme les dieux lui enverraient une maladie mortelle ; mais personne n'ose le faire parce que ces jours là leur sont consacrés.—F. Quels sont ces dieux et comment les nommez-vous ? —I. Les (2) dieux des vingt et une fêtes sont : *Agat*, *Ocelot*, *Oate*, *Cozgacoate*, *Olin*, *Tope*-

---

(1) *Ehecatl* veut dire l'*air*, en mexicain.

(2) L'Indien avait probablement mal compris la question, car il nomme tout simplement les vingt jours du mois qui sont absolument les mêmes que ceux du calendrier mexicain, comme il est facile de s'en apercevoir en comparant cette liste avec celles données par Boturini et Gomara. J'ignore s'il faut attribuer les variations que l'on remarque à la faute du copiste

cat, *Quiauvit*, *Sochit*, *Cipat*, *Acat*, *Cali*, *Quespalcoat*, *Migiste*, *Macat*, *Toste*, *At*, *Izquindi*, *Ocomate*, *Malinal*, *Acato*. Ces jours de fêtes sont répartis dans l'année ; nous les

ou à la différence du dialecte. Les deux listes commencent par *Cipactli*, qui est le neuvième ; mais l'on sait que chaque mois commençait par un jour différent. L'Indien nomma probablement ceux du mois où l'on se trouvait à cette époque.

	NICARAGUA.	MEXICAIN,		
		d'après Boturini.	d'après Gomara.	
1	Agat.	Acatl.	Acatl.	*Roseau.*
2	Ocelot.	Ocelotl.	Ocelotl.	*Tigre.*
3	Oate.	Quauhtli.	Coautli.	*Aigle.*
4	Cozgacoate.	Temelatl (pierre à moudre).	Cozcaquauhtli.	*Autre espèce d'Aigle.*
5	Olin.	Ollin tonatiuh.	Ollin.	*Mouvement.*
6	Topecat.	Tecpatl.	Tecpatl.	*Cailloux.*
7	Quiauvit.	Quiahuit.	Quiahuitl.	*Pluie.*
8	Sochit.	Xochitl.	Nochitl.	*Fleur.*
9	Cipat.	Cipactli.	Cipactli.	*Serpent armé de crochets.*
10	Acat.	Ehecatl.	Ehecatl.	*Air ou Vent.*
11	Cali.	Calli.	Cali.	*Maison.*
12	Quespalcoat.	Quetzpallin.	Cuezpalin.	*Lézard.*
13	Migiste.	Cohuatl.	Cohuatl.	*Couleuvre.*
14	Macat.	Miquiztli.	Miquiztli.	*Mort.*
15	Toste.	Mazatl.	Mazatl.	*Cerf.*
16	At.	Tochtli.	Tochtli.	*Lapin.*
17	Izquindi.	Atl.	Atl.	*Eau.*
18	Ocomate.	Ytzcuintli.	Ytzcuintli.	*Chien.*
19	Malinal.	Ozmatli.	Ozomatli.	*Songe.*
20	Acato.	Malinalli.	Malinalli.	*Balai* ou *Cordes tordues.*

Il faut observer que notre auteur passe le nom du 13e jour *Cohuatl* ou *Serpent*, ce qui le force à répéter, en le changeant un peu, le nom du 1er, *Acatl* ou *Roseau*. Le 13e de sa liste se rapporte donc au 14e de Boturini et de Gomara, et ainsi de suite jusqu'à la fin. Quant à la différence qui se trouve dans le nom du 4e jour, entre Boturini et Gomara, j'avoue que je ne puis l'expliquer.

observons comme les chrétiens observent les dimanches. — F. Combien de jours contient votre année? — I. L'année contient dix (1) *cenpuciles*, et chaque cenpucile est de vingt jours. C'est ainsi que nous calculons le temps, et non par lunes. — F. Jeûnez-vous ces jours de fêtes, ou dans d'autres occasions vous abstenez-vous de viande ou de poisson, ou mangez-vous toujours comme à l'ordinaire? — I. Nous n'avons pas de jour où nous jeûnions, ni où nous nous abstenions de quelque espèce de nourriture; tous les jours sont semblables à cet égard. — F. Devant vos temples vous élevez des buttes de terre qui sont rondes et se terminent en pointe. Elles ressemblent à un tas de blé. Il y a un escalier creux dans la butte même, pour monter jusqu'en haut. Comment nommez-vous ces buttes, et à quoi servent-elles? — I. Ces buttes se nomment *Tezarit*; le prêtre du temple, que nous nommons *Tamagoz*, monte au haut du Tezarit, et y coupe la tête des vic-

---

(1) C'est probablement une faute du copiste pour dix-huit.

times avec un couteau de caillou; puis il frotte, avec le sang de la victime, les idoles de pierre que l'on conserve dans le temple. — F. A quoi servent les grands tas de fagots qui sont amoncelés dans les places des temples? — I. Ils servent à éclairer les prêtres; ce sont les jeunes garçons qui les y apportent, il n'est pas permis aux femmes d'y toucher; la nuit on les brûle dans le temple, afin que les prêtres puissent voir ce qui se passe, ainsi que dans les portiques couverts, qui sont autour de la place, et que l'on nomme *Galpon*. C'est sous ces portiques que dorment les jeunes gens qui ne sont pas mariés; ils sont là pour être prêts en cas d'attaque, et ils font la garde alternativement pendant la nuit, pour que nos ennemis ne puissent nous surprendre. — F. Quelles sont les causes de vos inimitiés et de vos guerres? — I. Nos différends sur les limites de nos possessions, et nous cherchons à expulser nos ennemis du pays.

Les armes des Indiens sont des lances, des

casse-têtes, des arcs, des flèches, des épées et des boucliers. Les épées sont de bois, et on y adapte des cailloux, qui coupent comme des rasoirs. Leurs armes défensives sont des boucliers d'écorce d'arbre ou de bois léger, couverts d'ornements en plumes ou en coton et très-bien travaillés. Ils ont des cuirasses rembourrées de coton, qui les couvrent jusqu'à la ceinture, et des cuissards de la même matière. Ils n'empoisonnent pas leurs flèches, cet usage leur est inconnu.—F. Est-ce votre cacique ou une autre personne, qui vous commande dans vos guerres? — I. Nous choisissons quelqu'un qui ait la réputation d'un homme vaillant et expérimenté. C'est lui qui range les soldats en bataille, les encourage à se comporter bravement et à tuer le plus possible d'ennemis, à leur couper la tête, les bras et les jambes, et à ne pas prendre la fuite.—F. Mais, on dit que vous lâchez pied quand votre chef est tué?—I. C'est lui qui anime les guerriers, et qui sait ce qu'on doit faire; car le cacique qui reste au village ne communique ses desseins qu'à lui; mais quand il est vaillant, il accompagne l'armée; et si le général est tué, il commande à sa place, ou nomme sur-le-champ un autre général. Si le cacique est resté au village, il va au-devant de ses soldats et reçoit les vainqueurs avec de grandes démonstrations de joie; mais s'ils ont été vaincus et maltraités, il pleure devant eux et leur témoigne sa douleur. — F. Comment partagez-vous le butin fait sur l'ennemi? — I. On ne partage ni les esclaves ni le butin; chacun est propriétaire de ce qu'il a pris, et il n'est obligé d'en rien donner à personne. On sacrifie aussitôt quelques esclaves sur la butte de terre, qui est devant le temple. — F. Et si vous n'avez pas d'esclaves à sacrifier? — I. Alors, les capitaines se rassemblent autour de cette butte, et pleurent. Si quelqu'un désobéit au général, on lui prend ses armes; on s'en sert pour le battre; on lui fait les reproches les plus injurieux, et on le chasse du camp. Ce n'est pas l'usage de le tuer pour cela; mais si le général le faisait, il ne serait pas puni.—F. Que payez-vous à votre cacique, quelles prestations personnelles lui devez-vous?—I. Nous ne donnons rien au cacique, nous ne le servons en aucune manière; il a des esclaves qui habitent sa maison et qui le servent; il n'a le droit de commander que dans ce qui est relatif à la guerre ou au bien public; et même dans ce cas, il faut encore le consentement du *monexico* : mais le monexico ne peut se rassembler sans le cacique, puisqu'il est le principal seigneur. — F. Il y a parmi vous des Indiens pauvres et mendiants; au nom de qui demandent-ils l'aumône, et que disent-ils en la demandant?—I. Ils ne demandent pas pour l'amour de Dieu; ils disent : Donnez-moi cela, parce que j'en ai besoin; et on le leur donne, pour qu'ils disent du bien de celui qui leur fait ce présent; ils ne demandent pas à tout le monde, mais seulement à ceux dont ils espèrent obtenir quelque chose; on leur donne, parce que l'on a pitié de leur pauvreté; et ils vont ainsi demander de maison en maison. — F. Comment payez-vous le travail et les journées de vos artisans, et avec quoi leur achète-t-on leurs ouvrages?—I. Avec du maïs, du cacao, des manteaux ou d'autres marchandises; nous allons aussi d'un endroit à l'autre pour trafiquer.—F. Avez-vous, à cet égard, des lois et des règlements, et y a-t-il un prix fixé pour chaque chose?—I. Non, le prix est fixé par la volonté des parties, et chacun vend le plus cher qu'il peut; il n'est permis à aucun homme du village d'entrer dans le Tianguez ou place du marché, pour vendre ou acheter, ni même pour le regarder de loin; si on en aperçoit un, on lui dit des injures, et s'il y entrait on le battrait. On regarderait comme un coquin, celui qui entrerait dans le marché ou le traverserait; mais toutes les femmes du village vont au Tianguez avec leurs marchandises; les hommes et les femmes des autres villages peuvent aussi entrer sans danger dans le Tianguez. Cette dernière coutume ne s'applique pas à tous les étrangers, mais seulement à nos amis et à nos alliés ; dans ce marché, on trouve toute espèce de femmes, ainsi que les jeunes garçons qui n'ont pas encore atteint l'âge de puberté ; on y vend des esclaves, de l'or, des manteaux, du maïs, du poisson, des lapins, du gibier, des oiseaux, les produits du pays ou de l'étranger, et tout ce qui se vend et s'achète parmi nous. — F. Pourquoi n'avez-vous pas la tête faite comme celle des chrétiens ? — I. Quand les enfants viennent au monde, ils ont la tête tendre, et on la la leur pétrit pour la rendre telle que nous l'avons, avec deux bosses de chaque côté et un creux au milieu : car nos dieux ont dit à nos ancêtres, qu'ainsi, nous aurions l'air beau et noble ; cela rend aussi la tête plus dure pour porter des fardeaux. — F. Parmi les dieux auxquels les vingt et un jours de fête que vous m'avez nommés sont dédiés, vous avez cité Mazat et Teotost ; vous appelez les cerfs *Mazat* et les lapins *Tost* ; est-ce que ces animaux sont des dieux que vous adorez ? alors pourquoi les mangez-vous? — I. Il est vrai que nous avons un dieu qui porte le même nom que ces animaux ; mais ce n'est pas notre dieu que nous mangeons ; quand nous allons à la chasse, nous invoquons le dieu Mazat pour tuer des cerfs, et le dieu Tost pour tuer des lapins en abondance. Nous exposons les têtes de ces animaux devant la porte de celui qui les a tués, pour en conserver la mémoire ; quand un cerf est écorché et que son sang est desséché, nous le ramassons dans un morceau d'étoffe et nous le mettons dans une corbeille qui est suspendue dans la maison ; c'est pour le dieu des cerfs. — F. Comment les chassez-vous? avez-vous des dieux pour les autres animaux ? — I. Nous les prenons comme nous pouvons, avec des arcs, des piéges ou des filets ; nous n'avons pas de dieu des sangliers, des poissons ni des poules, mais nous avons celui de l'eau : il se nomme Quiateot. C'est lui qui nous envoie la pluie. Nous brûlons de la résine en son honneur, et quand nous avons besoin de pluie, nous lui sacrifions des Indiens et des Indiennes. — F. Pleut-il alors? — I. Quelquefois oui et quelquefois non. — F. Quand un Indien veut quitter le pays, peut-il le faire librement? — I. Oui, il le peut; mais sans vendre ses biens, qu'il est libre de laisser à ses parents. — F. Pourquoi ne permettez-vous pas aux femmes d'entrer dans les temples? — I. Parce que nos ancêtres nous l'ont ainsi ordonné. Ils nous ont aussi défendu de les approcher à l'époque de leur temps critique. — F. Quand un Indien a besoin de quelque chose, les autres lui prêtent-ils ce dont il a besoin, et le lui fait-on payer? — I. Si quelqu'un emprunte quelque chose, il est libre de le payer; mais si c'est du maïs ou quelque autre objet du même genre, le créancier a le droit d'aller dans le champ de l'emprunteur et de prendre ce qui lui est dû, sans qu'on puisse le punir. — F. Pourquoi allez-vous tout nus, puisque vous avez de bon coton en abondance, et que vous pourriez vous vêtir? — I. Parce que c'est l'usage, et que nos pères et nos ancêtres ont fait de même. — F. Est-il vrai qu'il y a chez vous des gens dont le regard est mortel? — I. Cela est très-vrai; ils étouffent les enfants, qui en meurent quelquefois. — F. Quand un Indien a fait quelque chose de mal, va-t-il le dire aux prêtres du temple, et demande-t-il pardon aux dieux en faisant pénitence? — I. Nous avouons nos péchés aux vieillards les plus âgés et non aux prêtres. Quand nous l'avons fait, notre conscience est déchargée, et nous sommes aussi contents après avoir avoué ce péché, que si nous ne l'avions pas commis. Les vieillards nous disent : « Allez! et ne le faites pas une autre fois. » Nous agissons ainsi, parce que nous pensons que c'est bien, et que sans cela nous pourrions tomber malades et mourir; nous croyons que de cette manière nous sommes absous. — F. Faites-vous cette confession en public ou en secret, à un ou à plusieurs vieillards? — I. A un seul, et en secret. Nous faisons cette confession debout, et le vieillard ne peut la confier à personne; il doit la garder au fond de son cœur. — F. Quels sont les péchés que vous avouez à ce vieillard? — I. Nous lui disons quand nous avons profané une de nos fêtes, ou quand nous avons blasphémé nos dieux parce qu'il ne pleuvait pas, ou dit qu'ils n'étaient pas bons, et le vieillard nous impose une pénitence au profit du temple. — F. Quelle pénitence vous impose-t-il, et comment l'accomplissez-vous? — I. Il nous ordonne d'apporter du bois pour éclairer le temple, ou de le balayer; et nous l'accomplissons scrupuleusement. — F. Cette confession se fait-elle à tous les vieillards? — I. Non, il y en a un qui est choisi pour cela, et qui porte une calebasse au cou pour marque de sa dignité. A sa mort, nous nous réunissons en conseil et nous nommons pour le remplacer celui qui nous paraît le plus vertueux. C'est ainsi qu'ils se succèdent. Cette dignité est très-estimée parmi nous. Ce vieillard ne doit pas être marié. Il ne demeure pas dans le temple, ni dans un lieu de prières, mais dans sa propre maison. — F. Quel nom donnez-vous à ce confesseur à la calebasse? — I. Le même qu'il portait avant d'être revêtu de sa charge. — F. Quand vous avez commis un péché, combien de temps restez-vous avant d'aller le dire à ce vieillard? — I. Peu de jours : nous y allons quelquefois le lendemain ; mais il n'y a que ceux qui ont atteint l'âge de puberté qui se confessent ; quant aux autres, ce sont des enfants. — F. Quand vous célébrez des sacrifices, quelle prière prononce le prêtre qui les fait? — I. Il dit ces paroles aux idoles de pierre qui sont dans les temples : « Prenez et recevez ceci, que vous offrent les caciques. » Telle est la formule de consécration. — F. Les temples ont-ils des biens et des revenus? Sacrifiez-vous vos parents ou vos compatriotes? — I. Ils n'ont ni biens ni revenus. Nous ne sacrifions ni ne mangeons nos enfants et nos parents, mais bien nos ennemis, des esclaves et des étrangers.

Quand Fr. Francisco de Bobadilla vint au Nicaragua, tout le pays était ruiné par le manque d'eau; car il n'avait pas plu depuis longtemps. Dieu permit qu'il plut pendant cinq jours, ce que les Indiens regardèrent comme un miracle. Il fit entendre aux Indiens, par de saintes paroles, qu'ils devaient en rendre grâce à Dieu et à la gracieuse vierge Marie; et que s'ils voulaient devenir chrétiens, il pleuvrait en temps convenable, que la saison serait toujours bonne, et qu'outre cela, ils sauveraient leur âme en embrassant notre sainte religion catholique. Le 2 octobre 1528, il prononça un long sermon à ce sujet, sur la place de Toto Acotea, dans la province de Nicaragua. Le religieux et les Espagnols, qui se trouvaient là, firent une procession, accompagnés de beaucoup de caciques, d'Indiens, d'Indiennes et d'enfants. On apporta, par ses ordres, un grand nombre d'idoles, et après avoir engagé les chrétiens à prier Dieu, notre Seigneur, de daigner descendre dans le cœur des Indiens, et de les persuader de recevoir le saint baptême, il fit expliquer par les interprètes les vérités de la foi, le commencement de la création, conformément à la Sainte Écriture, l'incarnation du Fils de Dieu, sa passion, sa mort, sa résurrection, son ascension, et tout ce qu'il crut devoir leur dire pour les attirer à notre religion catholique. Ils répondirent qu'ils avaient déjà entendu parler de tout cela ; mais qu'on ne le leur avait jamais si bien expliqué. Le religieux et les Espagnols, ainsi qu'un grand nombre d'Indiens, brûlèrent aussitôt une quantité d'idoles, de têtes de cerfs et de paquets de sang sur un grand bûcher élevé au milieu de la place. Le révérend père baptisa ensuite une quantité d'enfants des deux sexes de la manière dont l'Église l'ordonne, du consentement de leurs pères et mères et d'un grand nombre de caciques et de chefs qui étaient présents. Il baptisa aussi une multitude d'Indiens et d'Indiennes, après leur avoir fait connaître leur erreur et leur idolâtrie. Il employa le peu de temps qu'il passa dans cet endroit, à les instruire et à leur enseigner comment ils devaient faire pour sauver leur âme. Tous se rendirent ensuite en procession au principal temple du village. Il le consacra en répandant sur les murs une grande quantité d'eau bénite, y plaçant un autel et une croix. Il leur ordonna de regarder dorénavant cet édifice comme leur église, d'y aller adorer la croix, et d'y demander à Dieu ses grâces et sa miséricorde. Tout le monde se prosterna devant la croix, et les Indiens s'en retournèrent chez eux, après que le père leur eut donné sa bénédiction. Le lendemain, il fit porter à la nouvelle église une image de sainte Marie, et dit aux Indiens que c'était une image de la Mère de Dieu, devant laquelle ils devaient aller faire leurs oraisons; qu'ils devaient en avoir soin, la nettoyer, balayer l'église et se recommander à Dieu et à sa sainte Mère comme de bons chrétiens. Il leur expliqua ce que c'étaient que les images, afin qu'ils ne tombassent pas dans l'erreur des Grecs, qui les adoraient, ce qui fut cause plus tard de l'hérésie des iconoclastes (1), qui fut condamnée au concile de Constance. D'après une information dressée par l'écrivain de Grenade, dont j'ai parlé, le révérend Fr. François de Bobadilla baptisa, dans l'espace de neuf jours :

	Personnes.
Dans la province de Nicaragua,	29,063
Chez le cacique d'Ojomorio,	85
Chez le cacique du port du sud et les caciques voisins,	5,508
Chez le cacique Banhacho,	3,244
Chez le cacique de Masaya,	937
Chez le cacique de Matapalete,	154
Chez le cacique de Marinaete,	409
Chez le cacique de Lenderi.	2,917

(1) C'est précisément le contraire : les iconoclastes ou *briseurs d'images* détruisaient les images qu'adoraient les *iconolâtres*. Le concile de Constance ne fut assemblé que pour anathématiser Wiclef et J. Hus. C'est dans le deuxième concile de Nicée et dans le quatrième de Constantinople, qu'on condamna les *iconoclastes*.

Il est dit dans cette relation que ce religieux monta en haut du volcan de Masaya avec un gentilhomme de Ciudad-Real, nommé Mena, un autre nommé Barros et quelques Espagnols, et qu'ils y plantèrent des croix, ce qui me paraît bien difficile, parce que les environs du cratère sont hérissés de rochers très-élevés; mais j'en ai vu une près du cratère, et le cacique de Lenderi, qui m'accompagnait, pour me faire voir le feu épouvantable qui brûle sans cesse au haut de cette montagne, me dit que c'était Bobadilla qui l'avait érigée. Je visitai ce volcan dans la même année; je vis tout par mes propres yeux, et cela me parut très-étonnant.

On baptisa :

	Personnes.
Chez le cacique de Manguaya,	1,116
Chez le cacique de Matiharin,	421

Quand le révérend père se rendait dans cette province, il rencontra une Indienne qui portait dans ses bras un enfant d'environ trois ans, qui était mourant. Elle pria le révérend père de le baptiser : celui-ci lui ayant demandé pourquoi elle le désirait; elle répondit : Pour qu'il aille au ciel. Le père lui demanda : Veux-tu que ton enfant soit chrétien ? Elle répondit : Oui. Le père prit alors de l'eau bénite qu'il portait dans une calebasse, et baptisa l'enfant que le capitaine Andrès Garavito tint dans ses bras pendant la cérémonie. Aussitôt l'enfant prononça à haute voix le mot *croix*, et il expira, car il était déjà très-malade. La mère voulut aussi être baptisée ; le religieux y consentit, et lui donna le nom de Marie. A peine fut-elle baptisée, qu'elle s'écria qu'elle voyait son fils monter au ciel. Le religieux, lui ayant expliqué notre religion, retourna à Matiari, et raconta aux Indiens le miracle qui venait de s'opérer. On fit à l'enfant de somptueuses funérailles, suivant l'usage d'Espagne, ce qui engagea beaucoup d'Indiens à se faire baptiser.

On baptisa : Personnes.
Chez le cacique Mauritapomo, 75

	Personnes.
Chez les caciques Nagrando, Adiact, Manatial et Maobetondo,	585
Dans la province de Marivio,	6,346
Dans la province du vieil Alonzo Teocoatega,	2,169

Tous ces Indiens, dont le nombre se monte à 52,558, furent baptisés du 1er septembre au 5 mars 1529. Le notaire dont j'ai parlé atteste aussi que F. de Bobadilla brisa une quantité d'idoles, brûla beaucoup de temples et d'oratoires païens; érigea des croix sur les places, les chemins et les élévations d'où l'on pouvait facilement les apercevoir. Il donna aux naturels des images de la Vierge et de l'eau bénite, et laissa auprès des caciques de jeunes garçons instruits pour leur enseigner l'oraison dominicale et la salutation angélique. Il faut croire que depuis que les Espagnols et d'autres nations se sont établies dans ce pays, ils doivent en avoir baptisé un bien plus grand nombre. Mais je vais faire une proposition : prenons tous les Indiens qui ont été baptisés dans ce pays, sous tous les gouvernements, depuis que Gil Gonzalez d'Avila y est entré. Je consens à payer un peso d'or pour chacun de ceux qui, ayant été baptisés, saura dire son nom, le *Pater*, l'*Ave*, et connaîtra les principaux articles de la Foi; et l'on me donnera seulement un maravédis, pour tous ceux qui ne le pourront pas. Je croirais gagner beaucoup d'argent à ce marché; car les habitants de cette province sont nombreux. A quoi sert-il de baptiser les Indiens, pour leur laisser leur religion, leurs cérémonies et leurs vices? Seront-ils sauvés parce qu'ils se nomment chrétiens, quand ils ont oublié jusqu'à leurs noms de baptême? Ils feraient des progrès dans la foi, si des religieux résidaient parmi eux; mais quant aux conversions faites ainsi en passant, elles ne servent qu'à composer des relations que l'on envoie en Espagne, à Sa Majesté et à son conseil, pour demander et obtenir des grâces ou conserver celles que l'on a, et plutôt pour se faire donner des évêchés et des dignités que pour persévérer dans l'enseignement des Indiens : ce que je n'approuve pas. Mieux vaut un seul Indien bien instruit et véritablement chrétien, que des milliers de baptisés, qui ne savent ni ce que c'est que d'être chrétien, ni faire leur salut. Je parle de ceux qui ont plus de 14 ans. Car, bienheureux sont les enfants baptisés, qui meurent avant l'âge de raison! Je voudrais demander à ceux qui sont ainsi parrains de 100 et de 500 personnes à la fois, ce qu'ils enseignent à leurs filleuls, comme le sacrement les y oblige. Que pourraient leur enseigner ces parrains, comme un Espagnol qui avait plus de 50 ans et qui en faisait partie? Se trouvant à Léon de Nicaragua, dans une mascarade et un jeu de cannes, où des cavaliers étaient déguisés en Maures et d'autres en chrétiens, le capitaine, qui était habillé en Maure, s'approcha de quelques dames espagnoles qui regardaient la fête, et les engagea, en plaisantant, à se faire mahométanes. Après avoir répété deux ou trois fois cette plaisanterie, il tomba de cheval et ne proféra plus un mot. Celui-là certes aurait bien instruit ses filleuls dans sa religion, lui, qui est mort en la reniant et en louant la secte maudite de Mahomet. Que j'aimerais mieux être l'enfant, qui expira en prononçant le mot *croix*, et que sa mère vit monter au ciel, comme je l'ai rapporté plus haut; et non pas son parrain, le capitaine André de Garavito, qui mourut si misérablement! Ce Garavito est le même à qui Pedrarias Davila fit grâce, parce qu'il déposa contre Vasco Nuñez de Balboa et ses amis, quand ils furent décapités. On voit par là comment le Seigneur punit ceux qu'épargna la justice des hommes. Et Dieu veuille que quand il a été frappé de mort subite, son âme n'ait pas été damnée! Pour en revenir au baptême, qui ignore ce précepte de l'Évangile : « Prêchez à toutes les créatures, celui qui sera baptisé sera sauvé, et celui qui ne croira pas sera condamné » ? Il me paraît donc parfaitement inutile de baptiser ces nouveaux convertis, sans les instruire; car, s'ils ne croient pas, ils ne pourront être sauvés. Je m'en rapporte du reste, à cet égard, au sentiment des théologiens et à celui de la sainte Église de Rome. Il en est de même à l'égard des nègres que l'on amène dans cette ville et dans cette île (1); et que l'on baptise au bout de deux ou trois jours, sans qu'ils le demandent ou qu'ils sachent ce que c'est, et ensuite on nous oblige à acheter une licence pour leur donner de la viande en carême, car nous manquons de poisson; on nous la fait payer un demi-peso et plus, et si le maître s'y refuse, il est excommunié, sans que le nègre sache ce que c'est que le carême. Je n'exposerai pas ma pensée; mais j'ai entendu des religieux, même prêchant en présence de notre évêque, dire que c'était mal. Cependant on le tolère, parce

(1) Saint-Domingue.

l'on prétend que cet argent doit être employé à acheter un ostensoir. Dieu veuille qu'il serve au Saint-Sacrement ! Passons à ce qui concerne le Nicaragua,

CHAPITRE IV.

Des lacs du Nicaragua. Selon les uns il y en a deux, selon d'autres, il y en a trois; l'auteur prétend qu'ils n'en forment qu'un seul, puisque les deux premiers déversent leurs eaux dans le troisième qui se décharge dans la mer du Nord. Il sera aussi question, dans ce chapitre, des autres lacs du Nicaragua.

On pourrait encore rapporter bien des usages et des cérémonies remarquables des Indiens de ce gouvernement et de ses annexes, il serait même impossible de tout dire; on ne les connait qu'imparfaitement, tant par ignorance de la langue des habitants, qu'à cause les guerres et des rapports avec les chrétiens, et des temps qui ont amené la mort des Indiens âgés, et même de beaucoup de ceux qui étaient encore jeunes, de sorte que le souvenir s'en est effacé. Les juges, les gouverneurs et l'autres Espagnols ont été poussés par l'avarice à tirer de ce pays une quantité d'Indiens qu'ils ont été vendre comme esclaves à la Castille d'Or et dans d'autres endroits. L'étaient-ils réellement, c'est ce dont je ne me mêle pas ; mais celui qui en sait si exactement le compte qu'on ne pourrait le tromper d'un seul, en sera le juge. Mais ce que je sais, c'est que si frère F. de Bobadilla a baptisé 84,558 naturels, nombre que l'on peut porter à 100 mille, en comptant ceux qui le furent du temps de Francisco Hernandez et d'autres gouverneurs ; on en a exporté quatre fois plus ou bien ils ont péri sous le gouvernement des Espagnols ; et s'il est mort tant d'Indiens, comment auraient-ils conservé leurs cérémonies puisqu'ils n'ont pas même pu conserver leur vie? Je vais cependant raconter encore quelques autres particularités que j'ai pu apprendre plus facilement que le religieux dont je viens de parler, ayant résidé plus longtemps que lui dans le pays, et il y en a encore bien d'autres qui ne sont pas venues à ma connaissance. Pour bien les comprendre, il est d'abord nécessaire de savoir que les Indiens qui parlent la langue chorotega sont les aborigènes (1), et les anciens maîtres du pays. Ils sont cruels et belliqueux, mais très-soumis aux volontés de leurs femmes; tandis qu'au contraire, ceux qui parlent la langue du Nicaragua, en sont les maîtres absolus, et elles leur sont très-soumises. Ces derniers, n'importe d'où ils viennent, ne sont pas du pays; ils parlent une langue étrangère; ce sont eux qui y ont apporté le cacao, amande qui court en guise de monnaie dans ce pays. Ils en possèdent toutes les plantations, et les chorotegas n'en ont pas un seul pied, tandis que ceux-ci

(1) Voyez la note du chap. 1er.

possèdent au contraire tous les *jusperos* (1), qui se nomment dans leur langue *muno capot* et qui donnent les meilleurs fruits que j'aie jamais goûtés dans ce pays ni dans aucun autre. J'ai parlé de ces deux arbres dans le huitième livre de la première partie de cette histoire.

C'en est assez sur ces deux nations; parlons maintenant des lacs du Nicaragua, qui sont très-remarquables. On n'est pas d'accord sur leur étendue; on dit que le plus rapproché de la mer du Sud, celui qui est dans la province de Nagrando où est située la ville de Léon, a cent lieues de circonférence. Le second, plus au nord dans la province de Salteba où l'on a construit la ville de Grenade, en a cent cinquante. En 1529, Martin Estete fut envoyé à la tête de quelques soldats par Perdrarias Davila dans une province nommée Voto. Il devait reconnaitre l'extrémité de ces lacs, et tâcher

---

(1) Probablement *Nisperos* ou *Gapotillers*.

de découvrir s'ils aboutissaient à la mer du Nord, car le premier se décharge dans le second; mais comme cet officier s'entendait mieux à exciter des troubles et des révoltes qu'à faire la guerre, il fut mis en déroute; les naturels tuèrent un grand nombre d'Indiens baptisés qu'il conduisait avec lui, et sans le courage et l'expérience du capitaine Gabriel de Rojas, il ne serait pas resté un seul Espagnol en vie. Cet officier fit tête à l'ennemi, et défendit un passage difficile en homme de cœur et de talent, ce qui donna le temps aux chrétiens de se rallier et de sortir des marais où ils étaient embourbés, et dont ils ne se seraient jamais tirés sans lui (1). Estete revint à Leon, et loin d'être mal reçu de son maître Pedrarias Davila, il n'en fut que mieux traité. Il enleva à Diego d'Albitez le commandement d'une expédition, quoique celui-ci eût déjà fait de grandes dépenses pour

(1) Herrera rend compte de cette expédition (Décade 4, liv. III, chap. 11).

s'y préparer et acheter des chevaux. Pedrarias le remplaça par Estete, et le malheureux Albitez se voyant ainsi dédaigné quitta le pays et se retira à Panama.

Dans le voyage qu'Estete fit à Voto, on eut connaissance d'un troisième lac. Quelques soldats espagnols étant montés sur une élévation, l'aperçurent, mais tellement dans le lointain, que les uns prétendaient que c'était de l'eau, et que d'autres le niaient. Je me trouvais à cette époque à Léon, et j'en entendis parler à plusieurs de ceux qui avaient fait partie de cette expédition ; ils m'affirmèrent que c'était réellement un troisième lac qu'ils avaient aperçu à l'horizon, et que, très-probablement, le second se déchargeait dans celui-là. Aujourd'hui, le fait est démontré; car, l'année dernière, en 1540, j'ai vu, dans cette ville de Saint-Domingue, le pilote Pedro Cora qui, de là, se rendit en Espagne. C'est un de ceux qui ont fait le voyage de Voto avec Estete, et qui ont vu ce pays et ce lac douteux.

Il me dit qu'il venait de la Nouvelle-Castille, qui est gouvernée par le marquis François Pizarre, et qu'il avait rencontré au port de Nombre-de-Dios d'anciens amis qu'il avait connus dans la province de Nicaragua, qui avaient construit une felouque et un brigantin sur les côtes du grand lac qui baigne la ville de Grenade, et que les naturels nomment dans leur langue *Cocibolca* (1). Avec eux était un gentilhomme nommé Diégo Machuca, que je connais très-bien et qui avait en commanderie le cacique Lenderi et le pays où est situé l'enfer de Masaya. Après avoir dépensé plusieurs milliers de pesos d'or à construire et armer ces bâtiments, le tout à leurs propres frais, ils s'étaient embarqués avec l'intention de visiter les lacs jusqu'à l'extrémité, ou de mourir dans l'entreprise. Le capitaine Diégo Machuca s'avança par terre à la tête de 200 hommes ; en cotoyant dans la même

---

(1) Voyez Herrera, Décade 6, liv. 1ᵉʳ, chap. viii.

direction que la felouque et le brigantin, qui étaient accompagnés de quelques canots. Ils arrivèrent ainsi à l'endroit où, selon toute apparence, l'eau de ces lacs s'écoule dans la mer du Nord. Comme ils ne savaient pas où ils étaient, ils suivirent la côte dans la direction de l'est, et arrivèrent ainsi au port de Nombre-de-Dios, où ce pilote les rencontra. Il causa, but et mangea souvent avec ceux qui étaient ainsi sortis des lacs, et me dit que le docteur Robles les retenait prisonniers, parce qu'il voulait former une colonie à l'embouchure de ces lacs, et profiter ainsi du travail d'autrui, comme le font souvent les hommes lettrés; car, c'est plutôt à voler qu'à rendre la justice qu'ils emploient leur science, et celui-là plus que les autres, car ce n'étaient que des licenciés et des bacheliers; mais comme il est docteur, et possède le plus haut grade de la science, il a aussi voulu être le plus grand tyran. C'est pourquoi on lui a ôté son emploi. D'ailleurs, s'il avait envoyé fonder un établissement à cette embouchure, on aurait trouvé sur la côte le capitaine Machuca, qui n'aurait pas consenti à perdre ainsi son temps, son argent et ses peines, quand même le docteur aurait accompli son mauvais dessein; car, en cela, un vieux soldat vaut bien un savant légiste. J'ai demandé à ce pilote sur quel point de la côte ces navigateurs étaient entrés dans l'Océan; mais il me répondit qu'ils n'avaient pas voulu le lui dire. Je crois que c'est lui qui a voulu me le cacher, et que c'est même pour cette affaire qu'il se rendait en Espagne, de la part de ceux qui avaient découvert cette embouchure. Je pense, et il y a plusieurs personnes qui partagent mon opinion, qu'elle doit se trouver dans la baie où l'on a fondé Carthago, près du cap Arrecife, ce qui fait environ cinquante lieues à l'ouest de Nombre-de-Dios. Si je l'apprends un jour plus exactement, j'aurai soin de le dire dans la suite de cet ouvrage.

Je vais maintenant expliquer pourquoi j'ai

émis l'opinion qu'il n'y a qu'un seul lac; car, pour en faire des lacs séparés, il faudrait qu'on ne pût aller par eau de l'un dans l'autre; de même que nous appelons île une étendue de terre entièrement entourée d'eau, un lac doit donc aussi être tout à fait entouré de terre; car, quoique la terre ferme s'étende à des milliers de lieues, on ne la regarde pas comme une île, parce qu'il existe une petite langue de terre entre le Nombre-de-Dios et Panama. Ces lacs sont séparés de la mer du Sud, par un isthme très-étroit. Le tout ne forme donc qu'un seul lac où l'on trouve une infinité de baies et de golfes. Je crois qu'il y a plus de 250 lieues le long d'une de ses deux rives, depuis le point le plus austral jusqu'à son embouchure dans la mer du Nord. Il est certain que les mesures données par Pedrarias et par d'autres sont fausses, puisqu'ils n'en connaissent pas la longueur. Ils ont fait un lac à part de la partie qui est auprès de Léon de Nagrando, et qui, sur les terres d'un cacique nommé Tepitapeg, communique par un canal étroit avec celui de Granada. En été, il y a si peu d'eau dans ce canal, qu'un homme peut le traverser, en n'ayant de l'eau que jusqu'à la poitrine. On trouve dans ce lac une quantité d'excellents poissons. Ce qui prouve qu'il n'y a qu'un seul lac, c'est qu'on y trouve partout des poissons de mer, tels que des requins, des caïmans et des tortues. Une autre preuve, c'est qu'en 1529, on a trouvé dans la province de Nicaragua, sur la côte de ce lac, un poisson mort qui avait été rejeté par les eaux : on ne l'a jamais vu que dans la mer, et on le nomme poisson-scie (*pexe biguela*), à cause d'un os garni des deux côtés de pointes aiguës, qu'il porte à l'extrémité de la mâchoire. J'ai vu de ces poissons qui étaient si grands, qu'une paire de bœufs attelés à une charrette avaient bien de la peine à les traîner. On en trouvera la description dans le ch. III du liv. XIII de la première partie. Celui que l'on trouva sur le bord du lac, et qui était petit, puisqu'il n'avait que douze pieds de long, n'avait pu entrer que par l'embouchure du lac; la scie n'avait qu'un peu plus d'un palme de long et deux doigts de large.

Ce lac est très-poissonneux ; l'eau en est très-bonne et très-saine. Un grand nombre de rivières et de ruisseaux viennent s'y jeter. Il y en a de très-considérables, à cause des volcans qui sont sur les rives. Dans quelques endroits, le lac a 18 ou 20 brasses d'eau, et dans d'autres, il n'a presque pas de profondeur; de sorte qu'il n'est pas navigable partout, mais seulement dans le milieu et avec des barques construites exprès. Il renferme un grand nombre d'îles où l'on trouve des bois précieux, des troupeaux et d'autres produits utiles. Quelques-unes sont peu considérables : la principale a 8 lieues de tour; elle est habitée par des Indiens. On y comptait autrefois une population beaucoup plus nombreuse que celle d'aujourd'hui, répartie en huit ou dix villages : elle est très-fertile, remplie de cerfs et de lapins, et se nomme Ometepec, ce qui signifie deux montagnes : de *ome*, deux, et de *tepec*, montagne. Ces deux montagnes se touchent : celle qui est à l'est est la plus basse, et la seconde est si haute, que l'on peut rarement en voir le sommet. Quand je passai près de cette île, le temps était très-clair, et je pus l'apercevoir facilement : je couchai dans une ferme appartenant à un gentilhomme nommé Diego de Mora, et qui était gérée par un Espagnol, natif d'Avila. Elle est située sur la terre ferme, à une lieue et demie de l'île. Cet homme me dit que, depuis deux ans qu'il demeurait dans cet endroit, il n'avait aperçu qu'une seule fois le sommet de cette montagne, parce qu'il est toujours couvert de nuages. Il forme deux pointes, et la vallée qui les sépare s'étend de l'est à l'ouest : de sorte que l'un des deux pics est au sud et l'autre au nord.

Du côté du sud, ce lac n'est séparé d'un autre nommé Songozana, que par une plage que j'ai mesurée, et qui a environ 150 pas de large. La ferme dont j'ai parlé se nomme la ferme de Songozana. Le lac est formé par les eaux pluviales, de sorte qu'il croit beaucoup dans la saison des pluies, et comme il est plus haut que le grand lac, ses eaux débordent, renversent des collines de sables, et vont s'y jeter en traversant la plage de 150 ou 200 pas dont je viens de parler; et alors cette lagune se remplit de crocodiles et de toutes sortes de poissons. Mais pendant l'été, elle se dessèche entièrement; on peut voyager avec facilité le long de la plage, et je l'ai fait moi-même; quand la lagune est à sec, les Indiens tuent à coups de bâton une quantité innombrables de crocodiles et de poissons. Mais il reste toujours de l'eau dans certains endroits et une quantité de fondrières. La lagune peut avoir une lieue et demie de long et trois quarts de lieue de large. Je la visitai à la fin de juillet 1529, époque où il y avait très-peu d'eau.

Le fermier, natif d'Avila, qui habitait à Songozana, avait une grande quantité de porcs, dont une grande partie lui appartenait, et l'autre à Diego de Mora; il en vendait la viande à Grenade. Ces porcs étaient si gras, qu'ils en étaient affreux; d'autant plus, qu'ils avaient une odeur et un goût de poisson. C'est pourquoi, il les tenait éloignés de l'eau, et ne leur permettait de s'en approcher que pour boire.

Sur la côte de Songozana, il y a une quantité de tigres noirs, qui avaient fait de grands ravages dans son troupeau. Cet homme avait d'excellents chiens qui en avaient déjà tué plusieurs : un entre autres, qui avait tué à lui seul deux ou trois tigres. Il me montra la peau d'un de ces animaux, qui était lisse et noire comme du velours. Il m'assura qu'ils étaient plus féroces que les tigres mouchetés (1). L'on voyait bien que ce chien avait livré de

(1) Les tigres sont rayés, les panthères sont tachetées.

nombreux combats; car il avait la tête et le corps couverts de cicatrices. Cet homme m'assura qu'il ne donnerait pas ce chien pour 500 pesos d'or, car ses porcs en valaient plus de mille : et sans lui, les tigres les auraient tous détruits; mais que maintenant l'aboiement d'un chien suffisait pour les écarter du troupeau. C'est pourquoi il en entretenait beaucoup.

Retournons à nos lacs. J'ai observé qu'il y a, dans la vallée de Léon et dans les environs, plus d'Indiens qui ont mal aux yeux que dans tout le reste du pays. Cela est causé par le vent d'est, qui vient du côté du lac, et chasse dans la ville le sable fin que l'on trouve sur ses rives. Il y a en général tant de poussière dans le Nicaragua, que, quand on voyage dans les plaines, on croit marcher sur un terrain décomposé. Les pieds des chevaux enfoncent quelquefois d'un palme, et ils s'abattent au moment où l'on y pense le moins.

On trouve dans cette province un autre lac

très-remarquable, quoiqu'il ne soit pas à comparer, pour l'étendue, au lac de Cocibolca; l'eau en est beaucoup meilleure : on le nomme le lac de Lenderi. Le cacique principal, qui habite sur ses rives, porte le même nom. Ce lac est situé à trois lieues de la ville de Granada de Salteva, mais elles sont si fortes, que l'on pourrait bien en compter quatre. J'y arrivai le jour de saint Jacques, 25 juillet 1529, et je logeai chez Diego Machuca, le même gentilhomme dont j'ai parlé plus haut. J'y fus très-bien reçu et très-bien traité. J'allai avec lui visiter le lac, qui est fort extraordinaire. Pour y arriver de la maison de Machuca, on suit un chemin dont la descente est si rapide, qu'on peut plutôt le comparer à un escalier qu'à une route. On y voit une montagne ronde et très-élevée, au sommet de laquelle on trouve une cavité profonde, d'où il sort une flamme aussi brillante, plus forte et plus continue que celle de l'Etna ou mont Gibel, en Sicile. Cette montagne se nomme le Volcan de Masaya. Au midi, une plaine aride et ouverte s'étend jusqu'au bord du lac; mais des trois autres côtés, les rives sont très-escarpées, et il est très-difficile d'y descendre. Quand j'arrivai au commencement de la descente, j'aperçus un sentier, le plus difficile et le plus dangereux que l'on puisse se figurer; car il faut descendre de rochers en rochers, qui paraissent être de fer massif, et, dans quelques endroits, ils sont à pic comme un mur; ce qui a forcé d'y placer des échelles de six ou sept échelons, ce qui n'est pas le moins effrayant du voyage.

Toute la descente est couverte d'arbres; elle a plus de 130 brasses de profondeur. Avant d'arriver au lac, qui est très-beau et peut avoir une lieue de long sur une lieue et demie de large, Machuca et son cacique, qui est le plus puissant de la contrée, me dirent qu'il y avait autour du lac plus de vingt descentes encore plus mauvaises que celle par où j'avais passé; et que les habitants des villages, qui contiennent plus de 100,000 Indiens, y vont chercher de l'eau. J'avoue que pendant la descente, je me repentis plus d'une fois de mon entreprise; mais je persistai, tant par honte d'avouer mes craintes, qu'encouragé par l'exemple des autres, surtout en voyant des Indiennes chargées d'une arrobe et demie d'eau, qui le remontaient aussi tranquillement que si elles eussent marché en plaine. En arrivant en bas, je plongeai ma main dans l'eau, et je la trouvai si chaude, qu'il aurait fallu avoir bien soif pour en boire; mais quand on l'emporte, elle se refroidit bientôt, et c'est la meilleure eau qu'on puisse boire. Il m'a semblé que ce lac devait être au niveau du feu qui brûle dans le cratère du Masaya, dont le nom, en langue chorotega, signifie montagne qui brûle. On n'y trouve qu'une seule espèce de poissons aussi petits que la tête d'une aiguille, et que l'on fait cuire dans des omelettes. C'est ainsi que j'en ai mangé dans la maison de Machuca. Les Indiens disent que cette eau est très-bonne et très-saine ; et quand ils descendent pour en chercher, ils ont toujours soin de s'y baigner (1).

J'ai demandé au cacique pourquoi on ne faisait pas venir de bon poisson d'un autre endroit pour peupler ce lac. Mais il m'a répondu qu'ils l'avaient essayé plusieurs fois pour augmenter leurs moyens d'existence, mais que l'eau les repoussait, et qu'ils mouraient en répandant une odeur fétide; et qu'ils gâtaient même l'eau du lac. On ne pense plus à faire cet essai, qui a été réfuté plusieurs fois. Parmi les diverses descentes, il y en a une qui est formée d'une seule échelle de lianes depuis le haut jusqu'en bas. Mais comme il n'y a pas d'autre eau à deux ou trois lieues à la ronde, et que le pays est fertile, les habi-

---

(1) Le licencié Lopez Medel (*Tratado de los tres elementos*, inédit) fait de ce lac, et des difficultés de la descente, une description conforme à celle d'Oviedo.

tants supportent cet inconvénient, et vont puiser de l'eau du lac, qui, comme je l'ai dit, est très-bonne.

Sur la route qui conduit de Managua à Lenderi, à une portée d'arquebuse environ du premier de ces villages, on trouve une lagune carrée qui ressemble à un vivier. Elle est environnée de rochers à pic de quinze à vingt toises d'élévation, qui lui donnent naturellement cette forme carrée. On ne peut en approcher que du côté de la route : on y trouve une quantité de bons poissons ; elle peut avoir environ 300 pas de long sur chaque face : on la nomme le lac de Managua.

Dans la province de Diria, on en trouve un autre qui est plus considérable que celui de Lenderi ; l'eau en est aussi salée que celle de la mer, et le goût du poisson, qu'il produit en abondance, est bien supérieur à celui des autres lacs d'eau douce dont j'ai parlé. Il est situé à deux lieues au couchant de Lenderi, à cinq ou six lieues de la mer, et à une et demie ou deux de Grenade ou Salteva. Tous les Indiens qui habitent aux environs de ces lacs parlent la langue chorotega, excepté ceux de Nicaragua, qui, comme je l'ai dit, furent convertis par Fr. François de Bobadilla.

A deux lieues de la ville de Léon, il y a un lac d'eau douce qui peut avoir deux lieues d'étendue, et qui fournit de l'eau aux Indiens du rivage ; on le nomme Tequatiznabil. A quatre lieues de Léon, il y en a un autre de la même étendue nommé Tequacinabil; et un autre, à la même distance, nommé Tecuanibete, qui n'est pas moins considérable. Les habitants des bords de ces lacs, presque tous Chorotegas, sont très-nombreux.

Maintenant que j'ai traité des lacs, autant qu'il est nécessaire à l'histoire, je vais parler des montagnes brûlantes qui surpassent le mont Gibel et les autres volcans les plus célèbres.

CHAPITRE V.

De la brûlante et épouvantable montagne de Masaya, d'où toutes les nuits il sort un tel feu et une telle lueur qu'on l'aperçoit à une grande distance, et d'autres volcans qui se trouvent dans la province de Nicaragua. — Des mines de soufre et d'alun, et d'autres choses qui ont rapport à notre histoire.

Quand l'empereur était à Tolède, en l'an 1525, ses officiers osèrent lui annoncer qu'on avait découvert dans le Nicaragua une ville qui avait trois lieues de long, et lui firent d'autres rapports si hasardés et si exagérés, que l'on devrait punir sévèrement ceux qui osent en faire de semblables à leur souverain. On alla jusqu'à remettre aux ambassadeurs et aux étrangers des copies de cette lettre, qu'ils envoyèrent dans tout l'univers. Ce qui accrédita surtout cette nouvelle, c'est qu'on osa l'annoncer dans les chaires des principales églises, du haut desquelles on ne devrait publier que le saint Évangile. On ne le faisait pas sans malice, mais bien pour tromper le roi, son conseil et tous ceux qui entendaient ces sermons. J'en entendis quelques-uns, et je les regardai comme des fables, comme ils l'étaient en effet. Je ne voulais pas y croire, non parce que la chose me paraissait impossible ; mais parce que je connaissais très-bien celui qui l'avait inventée, et le peu de crédit que méritaient ses paroles. Je détrompai quelques-uns des membres du conseil royal des Indes, mais cela ne servit pas à grand'chose. J'offris alors d'aller au Nicaragua, pour voir si ces prédicateurs avaient été bien informés, et si la lettre avait dit vrai. On avait voulu parler du village de Nicaragua, qu'on trouve sur les bords du lac en venant de Léon, et qui est habité par les Chorotegas. C'était en effet un beau et populeux village, mais qui, loin de former une ville, était composé de maisons isolées à une assez grande distance les unes des autres. Avant d'avoir été détruit par la guerre, il occupait un espace très-considérable, et ressemblait aux villages que l'on voit dans la vallée d'Alava, en Biscaye, en Galice, dans les montagnes et dans la vallée d'Ibarra, dont toutes les maisons sont en vue les unes des autres, et occupent beaucoup de place. Ce village de Managua s'étendait comme une corde le long du lac ; mais, loin d'avoir trois lieues d'une extrémité à l'autre, il n'en occupait pas même une. Cependant, du temps de sa prospérité, c'était le plus beau de toute la province. Il contenait 40,000 habitants, dont 10,000 archers ou frondeurs. Mais quand je l'ai visité, trois ans après la date de cette lettre, c'était le plus abandonné et le plus dévasté de tout le gouvernement. Ce village de Managua est à huit lieues de Léon. Il y avait à Matinari 4,000 âmes, dont 600 archers. De l'autre côté du lac, dans les domaines du cacique Tipotapa, qui avaient six lieues d'étendue, on comptait 6,000 habitants et 800 archers. Enfin, d'après ce que j'ai ouï dire à ceux qui visitèrent ce pays, du temps de Gil Gonzalez Davila et du capitaine Francisco Hernandez, il était si peuplé, que l'on pouvait dire qu'il fourmillait d'habitants.

Ce n'est pas ici l'endroit de parler de la dévastation du pays et du massacre de tant d'Indiens ; car j'ai consacré ce chapitre aux volcans et aux rivières d'eau chaude que l'on trouve dans ce pays. Il n'y a que deux lieues de chemin entre Managua et Tipotaya, et l'on y rencontre vingt et un ruisseaux d'eau chaude, qui se jettent dans le lac de Léon. Tous viennent du côté du volcan de Masaya. Nous parlerons d'abord de l'enfer, que les Indiens nomment Mamea, et qui est un endroit très-extraordinaire.

A une lieue et demie de Léon, de l'autre côté du lac, il y a une montagne très-élevée, au sommet de laquelle on trouve une multitude de trous séparés les uns des autres, et d'où il sort continuellement de la fumée. Le sommet de la montagne peut être à trois lieues de Léon, et cette fumée s'aperçoit à la distance de dix-huit ou vingt lieues; mais on ne voit de flamme ni le jour ni la nuit. On trouve dans cet endroit une quantité de soufre de la meilleure qualité, d'après ce que disent les artilleurs qui en ont fabriqué de la poudre, et ceux qui l'ont employé à d'autres usages. Sur le penchant et aux alentours de cette montagne, à la distance de cinq ou six lieues, il y a une quantité de sources d'eau bouillante comme *la Rufre Tarari* (Solfatara), que l'on voit à Pouzzole, à deux ou trois lieues de Naples. Je crois que toutes ces montagnes ne forment qu'une mine de soufre. Il y a aussi des trous par lesquels sort un air si chaud, qu'on ne peut le supporter. Quand on s'en approche, ce que l'on peut faire sans danger, l'on croit entendre dans l'intérieur de la montagne le bruit d'une quantité innombrable de soufflets de forges, qui cessent parfois, et recommencent quelques instants après. Mais le temps où l'on entend ce bruit dure au moins quatre fois autant que les pauses. Près du village de Totoa, on trouve une source thermale si chaude, que les Indiens s'en servent pour faire cuire leur viande, leur poisson et leur pain. Ces aliments sont cuits avant qu'on n'ait eu le temps de dire deux fois son *Credo*. Quant aux œufs, on peut à peine achever un *Ave*.

Les tremblements de terre sont très-fréquents à l'époque des orages et des pluies, quoique, à la vérité, il pleuve très-rarement dans ce pays. Ce ne sont pas de légères secousses, mais de véritables tremblements de terre, très-forts et très-longs. Pendant mon séjour dans cette ville, j'en ai vu de si violents, que nous étions obligés d'abandonner les maisons, dans la crainte d'être écrasés par leur chute, et de nous réfugier dans les rues et dans les places. J'ai compté jusqu'à soixante et quelques secousses dans les vingt-quatre heures, et cela durait souvent plusieurs jours. Pendant la secousse, la foudre tuait du monde et incendiait des maisons. J'ai vu tout cela quand j'étais à Léon; et certes, on ne peut comparer ces tremblements de terre à ceux de la ville de Pouzzole, que j'ai vue cependant renversée de fond en comble par une secousse, dans le genre de celles qui ont lieu à Léon. Si cette dernière ville était bâtie en pierre, comme celles d'Espagne, elle serait bientôt renversée, et bien du monde y périrait.

Parlons maintenant des Maribios, montagnes qui sont aussi très-remarquables. Elles forment une chaîne qui s'étend de Léon au port de la Posesion. Au milieu, on distingue trois pics qui s'élèvent l'un derrière l'autre. Ils sont très-escarpés du côté du nord, et descendent progressivement dans la plaine, vers le midi.

Ce pays est très-fertile, et comme le vent d'Est y règne continuellement, le versant occidental est toujours couvert de la fumée qui sort de ces trois montagnes, les plus élevées de la chaîne, qui est longue de cinq ou six lieues. Le volcan le plus près de la ville de Léon en est éloigné d'environ quatre ou cinq lieues. Il arrive quelquefois, quand le vent du nord souffle très-fort, que la fumée, au lieu de s'échapper du côté du couchant, comme cela est ordinaire, prend son cours au midi. Alors, elle brûle et dessèche les champs de maïs et les autres produits du sol, et fait le plus grand mal dans les villages qui sont très-nombreux de ce côté. La terre souffre tellement de la chaleur qu'elle reste aride pendant quatre ou cinq ans.

Il y a dans cette province une autre montagne, nommée Masaya, dont je puis parler comme témoin oculaire, l'ayant visitée après en avoir entendu raconter beaucoup de fables à diverses personnes qui prétendaient être parvenues au sommet et avoir tout visité. Je suis monté sur le Vésuve, et j'y ai vu un trou de vingt-cinq ou trente palmes de diamètre d'où il sort perpétuellement de la fumée. L'on n'y voit que de la cendre, et quelques personnes prétendent que cette fumée, que l'on aperçoit dans la journée, devient, pendant la nuit, une flamme très-vive. Quant à moi, j'y suis arrivé deux heures avant la nuit; j'y restai tout le jour suivant, et sept jours dans le pays ; je suis monté au sommet, et j'y suis resté plus d'un quart-d'heure ; et après être revenu à cet endroit, j'y suis resté toute la nuit jusqu'au lever du soleil : ce qui fait, en tout, trois jours. J'étais alors avec ma maîtresse, la reine de Naples, auprès de laquelle je remplissais les fonctions de *guardaropa* (chef de la garderobe), et j'accompagnai Sa Majesté dans cette ascension, en l'an 1501. Nous allâmes de là à Palerme, en

Sicile, où l'on admire la montagne connue sous le nom de Mont Gibel ou d'Etna (1). Mais il me semble qu'aucun de ces volcans n'est à comparer à celui de Masaya, que j'ai vu et examiné par moi-même; et le lecteur en jugera, quand il aura lu la description de cette montagne, dont le nom signifie *Montagne brûlante* dans la langue des Chorotegas, sur le territoire desquels elle est située. On la nomme Popogatepeque (2) en langue de Nicaragua, ce qui veut dire *Rivière bouillante*. Je vais raconter ce que j'ai vu.

Je partis, le 25 juillet 1529, du village de Monagua, et j'allai coucher à Lenderi dans l'habitation de Diego Machuca, qui est située à une demi-lieue environ du pied de la montagne sur le bord du lac de Lenderi, que j'ai

---

(1) L'auteur fait ici une longue énumération de tous les volcans connus ; il m'a paru d'autant plus inutile de la traduire qu'elle est pleine d'erreurs.

(2) Ce nom veut dire *Montagne brûlante* (Popocatepec), et est le nom que porte aussi un volcan dans les environs de Mexico.

décrit dans le chapitre précédent. Cette habitation est à une demi-lieue de l'autre côté de la montagne, vers Grenade ou Salteba. Je descendis le même jour pour voir le lac; et le lendemain, jour de Saint-Jacques, je partis avant le lever du soleil pour gravir la montagne et voir le feu, et tout ce qu'il y a de remarquable. Cette montagne est très-escarpée; elle est habitée par des Indiens de la nation chorotega. On y trouve des tigres, des lions et beaucoup d'autres animaux féroces. Au delà de cette montagne s'étend une plaine inculte que les Espagnols nomment *el mal pais* (le mauvais pays). Elle est couverte de rochers qui ressemblent à des scories. On découvre ensuite une montagne isolée, et si élevée qu'on compte une lieue du pied au sommet. La montagne peut avoir trois ou quatre lieues de tour à sa base; elle est entièrement différente de toutes celles des environs. Je sais que plusieurs Espagnols ont envoyé à l'Empereur des descriptions de cette montagne, et que d'autres, qui sont retournés en Espagne, ont raconté qu'ils l'avaient vue, ce dont je ne doute pas. Je me réjouis, au contraire, de parler d'une chose aussi connue, et de ne pas manquer de témoins qui puissent attester la véracité de mon récit. Beaucoup de ceux qui prétendent l'avoir visitée, ne l'ont vue que de loin, et bien peu de gens y sont montés. Quelques-uns prétendent avoir aperçu à la distance de trois lieues la lueur de la flamme; ce que je ne puis admettre (1). Je partis, comme je l'ai dit, au milieu de la nuit de l'habitation de Machuca; et j'étais déjà bien près du sommet, au lever du soleil; cependant il n'y faisait pas assez clair pour pouvoir lire mes heures, que j'avais apportées, et je n'étais pas à plus d'un quart de lieue du cratère. De plus, la nuit était très-noire, circonstance dans laquelle la flamme donne plus

---

(1) Il me paraît nécessaire de remarquer que le passage est obscur, et je crois que l'auteur veut dire qu'on prétend qu'à trois lieues il fait assez clair pour pouvoir lire.

de clarté. J'ai néanmoins entendu dire à des personnes dignes de foi, que quand la nuit est très-obscure et qu'il pleut, la clarté est si vive, que l'on peut lire à une demi-lieue : ce que je ne veux ni affirmer, ni mettre en doute; car, à Grenade de Salteba, qui est à trois lieues, quand il ne fait pas de lune, toute la contrée est éclairée par le feu du volcan. Et il est de fait, qu'on l'aperçoit encore à la distance de dix-huit à vingt lieues; car je l'ai vu moi-même. On ne peut cependant dire qu'il sorte précisément une flamme du cratère, mais bien une fumée aussi ardente que du feu : on ne la voit pas de loin dans le jour ; ce n'est que la nuit, comme je viens de le dire.

Pour en revenir à mon voyage, j'avais avec moi un cacique appelé D. Francisco depuis son baptême; avant, on le nommait Natatime en langue chorotega ; un nègre et deux Indiens soumis. Quoique le nègre fût un homme sûr, je conviens cependant que j'eus tort de me mettre en route en pareille compagnie. Mais je me déterminai, par le désir que j'éprouvais de mettre à fin cette entreprise. J'avais trouvé Machuca malade; ceux qui devaient m'accompagner m'avaient manqué de parole, et étaient retournés à Grenade. Et pourtant je ne voulais pas suspendre mon voyage, tant j'étais désireux de savoir tout ce qu'il y avait de vrai dans ce que m'avaient raconté ceux qui prétendaient y avoir été. Quand il ne fut plus possible d'avancer à cheval, je mis pied à terre, et je chaussai des espadrilles; car il n'y a pas de souliers qui puissent résister à un pareil chemin. Je laissai un des Indiens pour garder mon cheval, et je m'avançai avec le cacique, qui nous servait de guide, le nègre et l'autre Indien, que je fis marcher devant moi. Quand le cacique fut arrivé près du cratère, il alla s'asseoir à la distance de quinze ou vingt pas, et me montra du doigt ce spectacle effrayant.

Le sommet de la montagne forme un plateau couvert de roches rouges, jaunes, noires et tachetées de diverses couleurs. Excepté du côté oriental, où j'étais, tout ce plateau est occupé par un cratère dont l'orifice est si large, que, dans mon opinion, une balle d'arquebuse ne le traverserait pas. Il en sortait une fumée continuelle, mais pas assez épaisse pour empêcher d'en examiner l'intérieur et l'extérieur; car, comme le vent d'Est règne continuellement dans ces parages, il chasse la fumée du côté opposé au spectateur. Ce cratère peut avoir, d'après mon jugement et ce que j'ai entendu dire à d'autres, cent trente brasses de profondeur. La largeur va toujours en diminuant. Cette montagne est moins élevée du côté méridional et du côté oriental, où je me trouvais, que de tous les autres, et paraîtrait l'ouvrage des hommes, tant les flancs sont unis, excepté, toutefois, du côté où j'étais, qui, comme je l'ai dit, est hérissé de rochers. On y trouve aussi quelques cavernes, mais on voit fort peu de chose à l'entrée, et on aperçoit à peine les parois du cratère ; car personne n'ose s'avancer assez.

Au fond de ce cratère, on voit une place parfaitement ronde, assez grande pour contenir cent cavaliers qui joueraient aux cannes, et plus de mille spectateurs : il en tiendrait même bien davantage, s'il n'y avait pas au milieu, en tirant vers le midi, un autre cratère, que l'on peut apercevoir très-distinctement : il me parut avoir environ quarante à soixante brasses de profondeur, et environ quatorze ou quinze pas de large; mais il doit en avoir bien davantage ; car il faut calculer que je n'en apercevais l'ouverture que de très-haut, et le fond, de plus haut encore. Du côté du nord, ce cratère est trois fois plus éloigné de la paroi intérieure du volcan que du côté du midi. Me trouvant à Valladolid, en 1548, à la cour du prince N. S., Don Rodrigo de Contreras, gouverneur de cette province, me dit que l'on avait mesuré en sa présence la profondeur du volcan, et que l'on avait trouvé cent trente brasses depuis le haut jusqu'à la place, et quarante depuis l'ouverture jusqu'à la matière brûlante. Une chose qui m'a fort étonné, c'est d'avoir entendu dire au commandeur, Fr. François de Bobadilla, provincial de l'ordre de la Merci, qui parvint au haut du Masaya avec plusieurs autres personnes, que, lors de sa visite, le puits était au milieu de la place, et que la matière brûlante montait jusqu'à quatre palmes environ du bord ; et cependant il ne s'écoula pas six mois entre son voyage et le mien. Je pense cependant qu'il m'aura dit la vérité ; car, outre que c'est un homme digne de foi, j'ai entendu dire à Machuca lui-même qu'il avait vu la matière brûlante s'élever au niveau de la place.

Je dis donc que je vis au fond de ce second cratère un feu qui était liquide comme de l'eau, et de la même couleur que la braise. Ce feu me parut plus violent qu'aucun de ceux que j'eusse jamais vus, et couvrait tout le fond du puits. De temps en temps, cette matière s'élevait en l'air avec beaucoup de force, et lançait de grosses gouttes à plus d'une toise de hauteur, à ce qu'il me parut. Quelquefois, ces gouttes s'arrêtaient sur les parois du puits, et elles restaient avant de s'éteindre, le temps de dire six *Credo*, comme les scories d'une forge. Je ne crois pas qu'il y ait de chrétien qui, en voyant cela, ne pense à l'enfer et ne se repente de ses fautes, particulièrement en comparant cette veine de soufre avec la grandeur infinie du feu éternel, qui attend ceux qui sont ingrats envers Dieu.

Vers le milieu du premier cratère, on voyait voltiger une grande quantité de perroquets, de ceux qui ont la queue longue, et que l'on nomme *jijaves*. Je ne pus jamais apercevoir que leur dos ; car j'étais placé beaucoup plus haut qu'eux. Ils font leur nid dans les rochers situés au-dessous du spectateur. Je lançai quelques pierres dans l'abîme, et j'en fis aussi lancer par le nègre; mais je ne pus jamais distinguer où elles tombaient : ce qui prouve clairement combien l'endroit où je me trouvais était plus élevé. Quelques personnes ont prétendu que puisque les perroquets voltigent dans cet endroit, et qu'on peut, sans fatigue, le regarder fixement, ce n'est pas du feu, mais du soufre qu'on aperçoit. Je ne suis pas éloigné de leur opinion, mais j'en abandonne la décision à ceux qui en savent plus que moi.

Au haut du volcan, du côté de l'est, on aperçoit un monticule qui domine la route, et dans laquelle est une ouverture semblable à celle du cratère, mais encore plus profonde. Il en sort de la fumée que l'on n'aperçoit pas dans la journée, mais qui jette dans l'obscurité une grande lueur qui se réunit à celle de l'autre ouverture. Il n'y pas de place au bas de cette ouverture; mais elle se termine en entonnoir, et paraît remplie de cendre. Le cacique me dit que, du temps de ses ancêtres, le feu avait été dans cet endroit, et qu'ensuite il avait changé de place, et était venu où il est aujourd'hui. Ces deux cratères ne sont séparés que par quelques rochers. Tout le terrain est couvert en grande partie d'arbres sauvages, qui ne donnent aucun fruit, à l'exception d'un seul, qui produit des baies jaunes de la grosseur d'une balle de mousquet, que l'on nomme *nanzi*; elles sont bonnes à manger, et les Indiens disent qu'elles guérissent le cours de ventre. On n'aperçoit, dans cette montagne, d'autres oiseaux que quelques corbeaux et les perroquets dont j'ai parlé.

Une chose extraordinaire, que Machuca et Fr. François de Bobadilla m'ont affirmée, et qui paraît me contredire, c'est que le feu montait jusqu'au niveau du puits, tandis que je ne l'ai aperçu qu'à une grande profondeur. Ayant pris des informations à cet égard, j'ai appris que quand il avait beaucoup plu, le feu remontait en effet jusqu'en haut; car le puits se remplissait par l'eau qui s'y écoulait de tous les côtés de la montagne, et il restait plein jusqu'à ce qu'elle eût été vaincue et détruite par l'ardeur de l'élément contraire. Ceci est confirmé par ce que raconte Olaus Magnus des volcans de l'Islande, qui ne consument pas le combustible, mais seulement l'eau qu'ils engloutissent. Il doit en être ainsi à Masaya; car, quand on en aperçoit la lueur à une lieue et demie, ce n'est pas une flamme, mais une fumée ardente qui s'éteint et couvre toute la montagne. Si c'était du feu, il n'y resterait ni arbre, ni feuille, ni verdure : au contraire, toute la montagne est boisée et couverte d'une herbe très-fraiche, presque jusqu'au bord du cratère.

Je passai deux heures dans cet endroit à regarder et à dessiner jusqu'à dix heures du matin : c'était le jour de sainte Anne. Je me remis ensuite en route pour Grenade ou Salteba, qui est à trois lieues du Masaya. Nonseulement dans cette ville, mais même à deux lieues plus loin, le volcan éclaire autant que le fait la lune quelques jours avant d'être dans son plein.

J'ai entendu dire au cacique de Lenderi, qu'il s'était souvent rendu avec d'autres caciques sur le bord du cratère; et qu'il en sortait une vieille femme toute nue, avec laquelle ils tenaient un *monexico* ou conseil secret. Ils la consultaient pour savoir s'ils devaient faire la guerre, l'éviter ou accorder une trêve à leurs ennemis. Ils ne faisaient rien sans l'avoir consultée, car elle leur disait s'ils devaient être vainqueurs ou vaincus, s'il pleuvrait, si la récolte de maïs serait abondante, et enfin tout ce qui devait arriver; et cela se passait toujours comme la vieille l'avait prédit. La veille ou le lendemain de cette consultation, on lui sacrifiait un homme ou deux, des femmes et des enfants des deux sexes : les victimes s'offraient de bonne volonté. Il ajouta que depuis que les chrétiens étaient venus dans le pays, la vieille femme n'était plus apparue que de loin en loin ; qu'elle leur disait que les chrétiens étaient mauvais, et qu'elle ne voulait plus avoir de communication avec les Indiens, jusqu'à ce qu'ils les eussent chassés du pays. Je leur demandai comment ils arrivaient en bas. Il me répondit qu'autrefois il y avait un chemin, mais que l'abîme s'était agrandi par un éboulement de terre, et que le chemin avait été détruit. Je lui demandai ce qu'ils faisaient après avoir tenu conseil avec cette vieille femme, et quelle figure elle avait. Il me répondit qu'elle était vieille et ridée ; que ses seins lui pendaient sur le ventre ; que ses cheveux étaient rares et hérissés ; qu'elle avait les dents longues et aiguës comme celles d'un chien, la peau d'une couleur plus foncée que les Indiens ne l'ont ordinairement, les yeux ardents et renfoncés ; enfin, ils la dépeignaient semblable au démon, et ce devait être lui. Si ce cacique a dit la vérité, il n'est pas douteux que les Indiens ne fussent en rapport avec lui. Après l'assemblée, la vieille rentrait dans le cratère et n'en sortait que pour un nouveau conseil. Les Indiens parlent souvent de cette superstition et de beaucoup d'autres; et, dans leurs livres, ils représentent le diable aussi laid et avec autant de queues que nous avons l'habitude de le peindre aux pieds de l'archange saint Michel ou de l'apôtre saint Barthélemy. Je pense donc qu'ils doivent l'avoir vu, et qu'il se montre à eux, puisqu'ils mettent son image dans les temples où ils pratiquent leurs diaboliques idolâtries.

A côté du cratère du Masaya, il y avait un grand tas de pots, de plats et d'écuelles d'une poterie très-bien vernie, que l'on fait dans le pays. Les uns étaient brisés, et les autres dans leur entier. Les Indiens les y apportaient remplis de toutes sortes de mets, et les y laissaient en disant que c'était pour que la vieille les mangeât, pour lui plaire ou pour l'apaiser quand un tremblement de terre ou un violent orage se faisaient sentir; car ils lui attribuaient tout le bien et tout le mal qui leur arrivait. Quant à la matière dans laquelle, selon le cacique, cette vieille avait sa retraite, elle me parut ressembler à du verre ou à du métal de cloche en fusion. Les parois intérieures du gouffre sont en pierre dure en quelques endroits, mais friable presque partout. La fumée sort du cratère du côté de l'est, mais elle est chassée vers l'ouest par la brise. Il sort aussi un peu de fumée du bord septentrional du gouffre.

La montagne de Masaya est à six ou sept lieues de la mer du Sud, et à environ douze degrés et demi de l'équateur. Voici tout ce que j'ai promis de dire dans ce cinquième chapitre.

CHAPITRE VI.

—

D'une relation qui fut envoyée par Fr. Blas del Castillo, de l'ordre de Saint-Dominique, qui avait visité le volcan de Masaya, au révérend père Fr. Thomas de Verlanga, évêque de la Castille d'Or. Je rapporterai ici ce qu'elle contient de plus important, laissant de côté beaucoup de détails pour éviter la prolixité.

Il est difficile de contredire tous les mensonges qui se répandent dans le monde, et même quand on le fait, on ne peut guère détromper tous ceux qui les ont entendus. Si Fr. Blas del Castillo avait pensé que sa relation me tomberait un jour entre les mains, il n'aurait pas dit dans l'introduction que Gonzalo Hernandez de Oviedo, chroniqueur général des Indes, avait demandé à Sa Majesté la permission de mettre l'enfer de Masaya dans ses armoiries, seulement parce qu'il l'avait visité. Je n'ai jamais fait une telle demande ; je n'ai aucun désir de porter de pareilles armes, et je ne crois pas qu'aucun chrétien l'éprouve. Le religieux s'est donc trompé.

J'ai raconté dans le chapitre précédent ce que j'ai vu et éprouvé ; et si Blas rapporte ce qui lui a été montré et qu'il a vu de ses propres yeux, il n'est pas étonnant que ce religieux, qui est descendu jusqu'au fond du gouffre, en ait vu davantage. Je vais donc donner un abrégé de sa relation, et je dirai ensuite ce que j'en pense, et ce qu'on m'a raconté depuis.

Fr. Blas del Castillo se trouvait, en 1534, à Nicaragua. Il entendit parler du volcan de Masaya, et éprouva le désir de le visiter ; mais il ne put exécuter son dessein, parce qu'il fut obligé de partir pour le Pérou. Il se rendit ensuite à la Nouvelle-Espagne, et, en 1536, il retourna au Nicaragua, qui est éloigné de quatre cents lieues de Mexico. Il vint à Grenade, et résolut de visiter le Masaya. Il communiqua son dessein à un franciscain flamand ou français qu'il y rencontra, et qui se nommait Fr. Juan de Gandavo. Ils emmenèrent avec eux Juan Auton, Juan Sanchez Portero et Francisco Hernandez y Guzman. Ils arrivèrent au sommet de la montagne le mardi 12 juin 1537. Fr. Blas assure qu'aucun de ceux qui y sont parvenus ne saurait dire quelle est la matière qui brûle au fond de l'abîme. Les uns disent que c'est de l'or, d'autres que c'est de l'argent, du cuivre, du fer, du soufre ou de l'eau. Il y en a qui prétendent que c'est un soupirail de l'enfer. A la fin de cette relation, je traiterai de toutes ces opinions si diverses, quoiqu'il soit bien difficile de donner à ceux qui ne l'ont pas vu une idée de ce spectacle. Fr. Blas rapporte que cette vue augmenta en lui le désir de descendre dans l'abîme, pour examiner quelle était la substance qui bouillonnait ainsi jour et nuit. Il commença à blâmer ceux qui avaient gouverné le pays, puisque, depuis quatorze ans qu'il était occupé par les chrétiens, on ne l'avait pas encore examiné, ajoutant qu'en supposant que cela ne fût pas une chose utile, il serait toujours bien de s'en informer, pour travailler à la conversion des Indiens, et que ce serait rendre un grand service à l'Empereur que de l'en instruire. Il ajouta qu'il était prêt à y descendre, si on voulait lui fournir les Indiens et les choses nécessaires; mais qu'il ne pourrait réussir à lui seul à tirer quelque chose de la profondeur du cratère. Juan Auton lui donna un coup de coude en lui disant : « Taisez-vous, père; peut-être Dieu ne veut-il pas que ce soit découvert par des capitaines et des personnes puissantes, mais bien par des gens pauvres et humbles. »

Quand ils eurent passé quelque temps au haut de la montagne, et bien examiné tout, ils retournèrent à Grenade pour préparer ce qui était nécessaire pour la descente. Ils se concertèrent avec le religieux flamand, qui avait déjà visité le Masaya, et qui désirait beaucoup en connaître les secrets. Il les assura aussi que cette matière ardente ne pouvait être que de l'or, de l'argent ou quelque métal précieux. Il appuya son opinion de quelques raisonnements qui les persuadèrent, et les encouragèrent à tenter d'y pénétrer.

Fr. Blas et ses amis, voyant que le franciscain les encourageait dans leur avarice, s'adjoignirent deux autres associés, habitants de Grenade, nommés Gonzalo Melgarejo et Pedro Ruiz. Tous les six jurèrent de garder le secret et d'observer les conventions. Fr. Blas promit d'être le premier qui pénétrerait dans cet enfer; Juan Sanchez Portero promit d'être le second, et Pedro Ruiz le troisième : il leur parut inutile d'y faire entrer les Indiens. Il suffisait qu'il y en eût en haut pour aider leurs compagnons à monter et à descendre. Fr. Blas, Juan Auton et Pedro Hernandez firent une nouvelle expédition pour mesurer, avec une corde, la profondeur du gouffre; mais ils ne purent en venir à bout, parce que la corde cassa en plusieurs endroits. Le 30 du même mois, Juan Auton y retourna seul avec une grande quantité de cordes, et trouva qu'il y avait cent vingt brasses jusqu'au sommet d'une butte de terre qui s'élève au milieu de la place. Frère Blas et Juan Auton y retournèrent le 8 août pour vérifier la mesure, et firent le tour du gouffre, qui peut avoir environ une lieue de chemin exécrable, afin d'examiner quel serait l'endroit le plus favorable pour descendre. Ils prirent de nouveau la mesure, et trouvèrent qu'il y avait environ soixante-six brasses jusqu'à un gros rocher qui se trouve environ à moitié chemin, et soixante-sept depuis ce rocher jusqu'à la butte de terre dont j'ai parlé. Fr. Blas dit que de là à la place il y avait encore cent brasses, et cent de plus jusqu'à la matière ardente, ce qui faisait plus de trois cents brasses en tout. Ils retournèrent ensuite à Grenade. Je ne crois pas cette mesure exacte; c'est aussi l'avis du gouverneur Don Rodrigo de Contreras, qui était présent quand Fr. Blas descendit pour la troisième fois dans cet abime, et celui de beaucoup d'autres qui prétendent, que, depuis le haut jusqu'à la place, il n'y a que cent trente brasses : ce qui m'avait semblé aussi quand je l'avais visité. Mais, comme il a menti en m'accusant d'avoir demandé ce volcan pour armes, il peut bien aussi avoir allongé la mesure, qui ne peut être admise par aucun homme raisonnable et doué de bons yeux, comme ceux qui y sont montés et qui l'ont vu. Le 20 août, le moine et ses compagnons se réunirent de nouveau, réglèrent leur association, et déterminèrent la somme que chacun devait fournir. Fr. Blas en fut dispensé parce qu'il était religieux, qu'il était l'inventeur de l'entreprise, et qu'il avait offert de pénétrer le premier dans cet enfer. Ils laissèrent passer quelques mois, tant à cause de la saison des pluies, que pour avoir le temps nécessaire pour se procurer tout ce dont ils avaient besoin. Quand tout cela fut près, ils se transportèrent dans un village d'Indiens nommé Monbocima, à une demi-lieue du Masaya, et appartenant à Gonzalo Melgarejo, un des associés. Dans ce but, ils avaient fabriqué plusieurs machines; ils avaient mis une anse de fer à la culasse d'une petite pièce de campagne; ils avaient aussi une grosse boule de fer avec des barres qui servaient à l'ouvrir et à la fermer, et dans laquelle ils voulaient mettre de grandes jarres de terre pour tirer du puits de la matière brûlante. Comme il leur fallait un cabestan, et qu'ils n'osaient en faire faire, pour ne pas divulguer leur entreprise, Fr. Blas en fabriqua un dans le village. Mais le mercredi 16 avril 1538, au moment où il était réuni à ses associés,

Melgarejo vint les trouver, et leur dit que le danger était manifeste et sans égal; qu'il ne voulait pas assister à cette tentative; que tous ceux qui y prendraient part mourraient et seraient brûlés vifs; mais qu'il irait avec eux à son village de Mombocima; qu'il leur fournirait des Indiens et tout ce dont ils auraient besoin, et qu'ils iraient, s'ils le voulaient, à la garde de Dieu. Francisco Hernandez se dédit aussi; mais Fr. Blas et les quatre autres associés persévérèrent dans leur entreprise. Ils gravirent le Masaya le jeudi, et employèrent le vendredi à établir le cabestan et les autres appareils, afin de pouvoir descendre le samedi. Fr. Blas dit que le cratère ressemble à une cloche renversée, et qu'il se rétrécit par en bas. Les bords supérieurs n'en sont pas égaux. Le côté oriental est, comme je l'ai dit, le plus bas et le plus uni, et le côté occidental a près d'un tiers de plus que les autres.

C'est-à-dire que si, comme le prétend

Fr. Blas, il y a trois cents brasses de profondeur du côté oriental, il y en a près de cinq cents du côté occidental.

Parmi ces rochers et ces cavernes, et même dans l'intérieur du gouffre, il y a une quantité de perroquets grands et petits, car il y a bien une portée de fauconneau d'un côté à l'autre. On en peut faire le tour à pied, mais il y a une lieue de très-mauvais chemin. On trouve, au fond du cratère, une place à peu près ronde, mais qui s'allonge un peu de l'orient à l'occident; elle peut avoir une portée d'arquebuse de large. Les éboulements de terre causés par les pluies et par les tremblements de terre ont formé le long des parois intérieures une quantité de monticules qui ont jusqu'à cent toises de haut. La terre des parois est de diverses couleurs : il y en a de blanche, de noire, de rouge, de bleue, de jaune et de grise. Elles forment des veines, dont les unes sont perpendiculaires, d'autres ondulées comme des serpents.

Elles ont un palme et demi ou deux palmes de large, et sont entièrement différentes de la terre qui forme les monticules. On n'aperçoit pas dans l'intérieur du gouffre la moindre trace de végétation. On n'y trouve que de la terre et des roches qui sont très-lourdes et paraissent contenir des métaux. Il en est de même de la terre qui est près des veines, et qui, malgré le voisinage d'un si grand feu, parait les avoir tous attirés. On pourrait remplir quatre ou cinq charrettes des fragments de roches qui se sont détachés des parois et gisent sur la place. Mais la profondeur est si grande, que d'en haut on ne croit voir que des cailloux ou des mules de femme. La place est couverte d'épines noires, tirant sur le rouge, semblables aux barbes du blé, et qui sont lancées par le volcan ; elles paraissent être des scories brûlées et sont légères comme des éponges.

CHAPITRE VII.

Observations de l'auteur sur la relation de Fr. Blas del Castillo.

Avant de continuer la relation de Fr. Blas del Castillo, je dois, pour éviter de tromper le lecteur, le prévenir que ce religieux est dans l'erreur, et que j'ai vu les choses tout autrement quand j'ai visité le volcan de Masaya. Car il dit que la place qui est en bas est ovale, et elle m'a paru parfaitement ronde ; à moins qu'on ne veuille admettre qu'elle change de forme, et que la matière ardente qui bouillonne en bas lui fasse éprouver des modifications. Il est certain que, soit à cause des eaux, soit à cause des tremblements de terre, la profondeur du puits a souvent varié depuis que les chrétiens sont dans ce pays. Je n'ai aperçu, non plus, ni les buttes que frère Blas prétend avoir vues sur la place, ni les veines de diverses couleurs, mais seulement des taches dispersées çà et là. Je ne conteste pas cependant, que d'en bas cette place ne puisse avoir un tout autre aspect que du point élevé et éloigné d'où j'ai dû la considérer ; d'autant plus qu'il arrive souvent que quand plusieurs personnes regardent à la fois la même chose, d'une grande distance, elles la voient toutes différemment, selon la conformation de leurs yeux.

Mais je ne veux pas m'étendre davantage sur ce sujet, et je continuerai la relation de ce religieux.

CHAPITRE VIII.

Suite de la relation de ce que le Fr. Blas a observé au volcan de Masaya.

L'espèce de puits ou de chaudière, qui se trouve au milieu de la place, me ferait aussi penser que le cratère change souvent de forme. Quand je l'ai vue, elle était plus rapprochée du côté méridional, comme je l'ai dit dans ma relation; et j'estimai que sa profondeur était environ le tiers de celle que l'on compte du haut du cratère à la place. Fr. Blas dit au contraire qu'il y a cent brasses de la place au fond du puits. Le gouverneur Rodrigo de Contreras, et d'autres personnes qui se trouvaient présentes quand ce religieux y entra pour la troisième fois, disent au contraire qu'il n'y a que quarante ou cinquante brasses. Je suis étonné de voir que, selon lui, l'on peut aussi aisément faire le tour du cratère que l'on fait celui d'une cour sur des terrasses. Quant à moi, j'ai trouvé le chemin extrêmement difficile. Il dit aussi que l'ouverture du cratère n'est pas ronde, mais qu'elle est ovale comme la place, et que sa plus grande largeur est de l'orient à l'occident. Quant à moi, elle m'a paru aussi régulièrement ronde qu'un cercle tracé au compas. Il dit qu'elle peut avoir, en longueur, plus de deux fois l'étendue de l'espace circulaire dans laquelle on fait courir les chevaux, sur la moitié de large; et je ne l'aurais pas estimé à la huitième partie. Mais je ne m'arrêterai pas là-dessus; car, je l'ai déjà dit, Fr. Blas, qui y est descendu, est plus apte à juger de tout cela que moi qui suis resté en haut. On dit aussi que la paroi occidentale n'est pas à pic, mais en pente; qu'en bas la place est beaucoup plus étroite de ce côté, et, qu'au contraire, vers l'orient, le rocher avance, de sorte que de ce côté la place est beaucoup plus large que l'ouverture. Suivant lui la matière qui bouillonne en bas, est semblable à une mer rouge, et fait autant de bruit que les vagues de l'océan quand elles se brisent contre les rochers; cette mer ressemble à du métal de cloche que l'on va couler, ou à de l'or ou de l'argent en fusion, excepté qu'elle est couverte d'une écume noire très-étendue, et qui peut avoir deux ou trois toises d'épaisseur; si cet amas d'écume ou de scories n'existait pas, ce feu jetterait une telle ardeur et un tel éclat, que non-seulement il serait impossible de tenir dans la place, mais même de le regarder d'en haut.

Quelquefois, elle se déchire ou se brise dans certains endroits, et alors on aperçoit la matière, qui est rouge et brillante comme l'éclair qui sillonne le ciel; on en voit continuellement et dans beaucoup d'endroits à la fois. Du milieu de cette matière, il s'élève constamment à quatre ou cinq toises environ, deux gros bouillons de métal fondu et entièrement dégagé d'écume; ces deux bouillons sont au milieu du lac de feu, à environ une portée d'arquebuse l'un de l'autre; ils ne sont pas toujours à la même place, et le métal fondu saute de tous les côtés. Il paraît qu'il y a des ruisseaux de la même matière ardente, qui viennent de loin se jeter dans ce lac avec tant de violence, que les vagues vont frapper les parois comme l'artillerie qui bat les murailles, et avec autant de bruit que les vagues de la mer, quand elles se brisent contre les récifs. Les rochers qui l'environnent sont entièrement noirs jusqu'à la hauteur de sept ou huit toises, en quoi ils diffèrent beaucoup des autres ; cela provient de ce que le métal en fusion s'élance jusqu'à cette hauteur.

Du côté de l'est-nord-est, on aperçoit l'entrée d'une caverne qui paraît très-profonde, et qui peut avoir une portée d'arquebuse de large ; un ruisseau de métal brûlant entre dans cette caverne, qui paraît servir d'écoulement au cratère ; il coule pendant quelques instants, s'arrête, recommence à couler, et toujours ainsi. Il sort de cette caverne une épaisse fumée, plus forte que celle qui s'élève de tout le lac ; elle répand une odeur de soufre qui n'est pas très-forte vu la fumée. Il sort de là une chaleur et un éclat si grand qu'on ne peut se le figurer ; pendant la nuit le sommet de la montagne est parfaitement éclairé ainsi que les nuages qui paraissent former une espèce de tiare au-dessus de la montagne. Fr. Blas, qui l'a vu souvent, dit que sur terre, on l'aperçoit de dix-huit lieues et plus ; et que les marins, qui naviguent dans la mer du Sud, l'ont souvent signalé à la distance de vingt ou vingt-cinq lieues : plus la nuit est obscure, plus le volcan est brillant. Il est à sept ou huit lieues de la mer du Sud. On doit remarquer que ni en haut ni en bas on n'aperçoit la moindre flamme, à moins que l'on n'y lance une pierre ou une flèche, qui, suivant le religieux, brûle comme une chandelle ; la flamme s'éteint aussitôt qu'elle est consumée.

Le chroniqueur Oviedo dit au contraire que quand il a visité le volcan, cette scorie lui a paru très-mince, et semblable à l'écume que l'on aperçoit au-dessus d'une marmite bouillante ; il est possible cependant, que du temps des pluies elle ait l'épaisseur que lui donne le religieux ; mais il ne peut admettre ce que Fr. Blas dit des éclairs qui sillonnent cette écume, ni que si elle n'existait pas, on ne pourrait pénétrer dans la place, ni même la regarder d'en haut à cause de la chaleur ; la preuve du contraire, c'est que quand elle est brisée par les mouvements du métal bouillonnant, la chaleur n'est pas augmentée. On ne peut cependant contester qu'il ne soit plus facile de juger ces choses de près que de loin.

Il est bien différent de voir ce volcan de jour ou de nuit; car, de nuit, il jette une admirable clarté, surtout dans les temps de pluie ou d'orage. Au moment où les nuages s'amoncellent, il fait tant de mouvements, qu'on dirait que c'est une chose vivante. La chaleur devient si grande, que l'eau qui tombe du ciel est changée en vapeur avant d'avoir atteint le fond du cratère, et l'obscurcit entièrement; c'est-à-dire de jour, car, de nuit, la clarté est si grande, qu'à toutes les époques de l'année, du haut de la montagne, où il est très-facile à tout le monde d'arriver, on peut lire une lettre sans difficulté. Fr. Blas rapporte qu'il y dit les matines sans avoir besoin d'aucune autre lumière. Quelques personnes ont raconté que dans des villages indiens, qui sont environ à une lieue de la montagne, des Espagnols ont lu des lettres pendant la nuit, sans avoir besoin d'autre clarté que de celle du volcan; mais Fr. Blas dit qu'il n'en a pas été témoin. Il ajoute que la grande profondeur empêche ceux qui regardent ce lac brûlant d'en apercevoir la totalité, et qu'ils en découvrent à peine le tiers du côté opposé à celui où ils se trouvent. Ceux même qui sont descendus jusqu'à la place ne peuvent bien l'apercevoir, qu'en s'exposant au danger de rouler dans l'abîme. Les Indiens et les Espagnols affirment que, depuis la conquête, pendant une année très-pluvieuse, le métal brûlant s'éleva jusqu'à l'orifice du puits, et que la chaleur fut alors si grande, que tout fut brûlé à une lieue à la ronde. Il en sortait une telle quantité de vapeur brûlante, que les arbres et les plantes en furent desséchés à la distance de plus de deux lieues.

Les habitants de ce pays regardaient ce volcan comme une divinité, et lui sacrifiaient des hommes, des femmes et des enfants, dont ils précipitaient les cadavres dans l'abîme. Frère Blas prétend que ce fut surtout le désir de guérir les Indiens de cette superstition qui le détermina à y entrer. Car il est à remarquer qu'à l'exception de quelques vieillards qui en étaient comme les prêtres, les autres Indiens n'osaient pas, et n'osent pas encore aujourd'hui s'en approcher. Fr. Blas ajoute qu'on ne peut voir ce volcan sans crainte, sans admiration et sans se repentir de ses péchés; car il ne peut être surpassé que par le feu éternel. Il est impossible de le décrire, ni d'en donner une idée. On prétend que quelques confesseurs n'ont pas imposé d'autre pénitence que d'ordonner d'aller le visiter. Une fois qu'on l'a vu, on ne peut se rassasier de le voir, quand on y retournerait mille fois, tant ce métal en fusion offre un spectacle curieux. On peut dire que dans cet endroit on ne connaît ni la nuit ni l'obscurité.

CHAPITRE IX.

Suite de l'expédition de Fr. Blas au volcan de Masaya.

J'ai déjà raconté, dit Fr. Blas, comment l'on apporta sur le bord du gouffre tous les instruments qui nous étaient nécessaires pour effectuer notre descente, et comment on les y disposa. L'on fixa le cabestan à environ trente pieds du bord. L'on prit ensuite une poutre qui pouvait avoir vingt-cinq pieds de long, au bout de laquelle on avait percé un trou, d'où pendait une poulie attachée par un gros clou. Cette poutre dépassait le bord d'environ quatre ou cinq pieds, et l'on chargea d'une grande quantité de pierres l'autre extrémité, qui se trouvait auprès du cabestan. L'on attacha au cabestan un câble de cent trente-cinq brasses de long, dont on fit passer l'extrémité dans la poulie. On fixa au bout du câble une pièce de bois très-lourde, aussi grosse qu'un bœuf, et d'environ une toise et demie de long. L'on avait pratiqué une rainure, dans laquelle on avait fait passer le câble qui l'attachait, afin qu'il ne fût pas usé par le frottement contre les rochers : on le descendit peu à peu en tournant le cabestan, et l'on réussit ainsi, non sans beaucoup de peine, à le faire arriver sur l'une des buttes de terre ou de pierres qui sont en bas, comme je l'ai déjà dit. Cette pièce de bois était si pesante, qu'elle fit rouler une quantité incroyable de rochers, de pierres et de terre de tous les endroits qu'elle toucha en descendant. Ce fut ainsi qu'ils préparèrent et assurèrent leur descente; car, dès que la pièce de bois fut en bas, ils firent agir de nouveau le cabestan, et tendirent le câble, de manière à ce qu'il ne touchât aucune des aspérités de la paroi intérieure. Il ressemblait ainsi aux agrès d'un vaisseau, excepté qu'il était plus vertical : c'était par là qu'ils voulaient descendre. Ils avaient apporté un gros rond de bois de la grandeur d'un plat, au milieu duquel était un trou, par lequel on aurait pu passer le poing. Ce rond de bois était garni d'un cercle de fer qui l'entourait entièrement, et qui formait un anneau extérieur, dans lequel on avait passé un câble aussi gros et aussi long que le premier, que l'on avait passé avant de le descendre au milieu du rond de bois. C'était avec cet appareil qu'on devait tenter l'aventure. On devait l'attacher à l'anneau de fer, et le descendre peu à peu avec le cabestan. Le câble qui traversait le rond de bois l'empêchait d'osciller et d'aller frapper contre les rochers, et le fesait arriver droit sur la butte. L'homme devait se mettre dans un panier semblable à ceux qui servent à cueillir l'orseille (1) dans la grande Canarie, de sorte qu'on pût facilement le retirer, s'il venait à mourir ou à s'évanouir. Ce panier était attaché à l'anneau de fer. Voilà quels sont les expédients que suggéra l'avarice à ceux qui ne craignent pas d'exposer leur corps et leur âme pour la satisfaire.

Le samedi 13 avril 1538, veille du dimanche des Rameaux, ce religieux et ses trois compagnons se levèrent de très-bon matin. Ceux qui devaient tenter l'aventure après Fr. Blas se confessèrent à lui; c'étaient Juan Sanchez, Portero et Pedro Ruiz. Il dit ensuite la messe de Notre-Dame. Ils récitèrent tous ensemble les heures du jour, déjeunèrent et se deman-

(1) L'usnée ou orseille, espèce de lichen, *roccella tinctoria*, Linn.

dèrent ensuite pardon les uns aux autres, en versant d'abondantes larmes; car ils ne savaient ni ce qu'ils allaient devenir, ni s'ils se reverraient jamais. Fr. Blas retroussa ensuite sa robe, qu'il attacha à sa ceinture, mit son étole de prêtre en croix, et l'attacha avec une ceinture bénite. Il prit ensuite un petit marteau qu'il plaça à droite dans sa ceinture, et dont il avait l'intention de se servir pour briser les roches chancelantes qu'il trouverait sur son chemin, fixa à son poignet gauche une calebasse remplie d'eau et de vin, et mit sur sa tête un casque en fer, par dessus lequel il attacha un chapeau avec soin; il se plaça ensuite dans le panier dans lequel on devait le descendre, et s'y fit bien attacher. Il prit à la main une croix de bois, qu'il portait souvent à sa bouche pendant la descente. Il expliqua à une cinquantaine d'Indiens qui se trouvaient là que cette croix était l'épée avec laquelle les chrétiens combattaient le démon ; puis, il prit congé de ses compagnons, qui le recommandèrent à Dieu.

Ce fut donc lui qui, le premier, parcourut cette route, et non sans courir de grands dangers; car, comme ses compagnons n'étaient pas accoutumés à ce métier, et qu'ils le perdaient souvent de vue, ils lui lâchaient souvent trop de corde, de sorte qu'il tombait de quatre ou cinq toises comme un homme auquel on donne l'estrapade, si bien, que quand il arriva à l'endroit où se trouvait la pièce de bois, il avait les mains tout écorchées : des gants lui auraient été bien utiles, et s'il n'eût pas eu de casque, sa vie aurait été fort exposée; car il fut frappé à la tête par une pierre de la grosseur d'une noix, qui lui donna un coup si violent, que sa tête vint frapper sa poitrine, et qu'il en eut un tremblement dans tous les membres. Il roulait incessamment des parois, des pierres et de la terre, et particulièrement dans l'endroit où se trouvait ce religieux : le frottement des câbles en fit tomber une grande quantité. Quand il fut arrivé en bas, il s'agenouilla et baisa la terre pour remercier Dieu de l'avoir protégé. Il descendit ensuite, la croix à la main, du haut de cette butte, qui est très-élevée et très-escarpée. Quand il fut arrivé sur la place, ses compagnons le perdirent de vue, à cause de la grande profondeur. Quand on me parla de l'entreprise de ce religieux, je la regardai comme une des plus téméraires dont j'eusse jamais entendu parler, ayant vu l'enfer de Masaya, et en connaissant la profondeur; ce qui me fait encore plus admirer sa tentative, que j'attribue plutôt à l'avarice et à la témérité qu'à la sagesse. Car il donne à entendre, dans plusieurs endroits de sa relation, que la matière qui bouillonne en bas est de l'or ou de l'argent. Il rapporte qu'il arriva sur la place en faisant des signes de croix avec le crucifix qu'il portait à la main, et en observant avec attention s'il y avait du danger à s'approcher du cratère; car, dans plusieurs endroits de la place, on voit sortir, du milieu des rochers, de la fumée comme d'une cheminée. Il récitait en marchant l'évangile de saint Jean, et quand il fut terminé, il s'écria : *Non nobis, Domine, non nobis sed tibi da gloriam.* Il regarda s'il pourrait apercevoir parmi ces monticules quelque idole où les os des Indiens qui avaient été précipités dans l'abîme ; mais il ne vit rien : car ils avaient été recouverts par la terre qui tombe incessamment d'en haut. Il s'approcha ensuite de l'une des veines qui sont le long des parois, et la frappa de son marteau. Quoiqu'il n'y trouva rien, il n'en pensa pas moins que ce devait être des veines de minerai d'argent qui avait été absorbé par la grande chaleur. Il plaça ensuite, sur un des plus hauts rochers de la place, la croix de bois qu'il portait à la main, et l'entoura de pierres, pour que le vent ne la renversât pas. Il revint ensuite à l'endroit où il avait mis pied à terre.

Quand ses compagnons l'aperçurent, ils en furent très-joyeux ; car il y avait longemps qu'ils ne l'avaient vu, à cause de la grande distance, et ils le croyaient brûlé. Fr. Blas, en regardant en l'air, s'aperçut qu'ils lui faisaient des signes avec un linge blanc; mais il ne pouvait entendre que le bruit de leurs voix répété par les échos, sans pouvoir distinguer ce qu'ils lui disaient. Il comprit cependant qu'ils lui faisaient signe de s'attacher à la corde et de remonter; parce que les Indiens, croyant qu'il avait péri, commençaient à prendre la fuite. Il s'approcha donc du câble, mais on l'avait remonté à près de deux piques de distance du sol. Il fut alors obligé de se rappeler qu'il avait appris à grimper avant d'être religieux, et il parvint à atteindre le but, malgré la terre qui pleuvait sur lui. Il avait passé environ trois heures dans la place. Quand il se fut attaché au câble, on commença à le guinder.

Je ne suis pas éloigné de croire que ce religieux avait été marin, et que ce fut en cette qualité qu'il passa aux Indes; car il dit, dans sa relation, que ce fut frère Thomas de Berlanga qui lui donna l'habit de saint Dominique, et celui-ci, avant d'être évêque, avait été longtemps un religieux très-estimé dans le couvent de la ville de Saint-Domingue, dans l'Ile Espagnole.

Je dirai maintenant quels étaient les dangers que l'on redoutait dans cet abîme avant que Fr. Blas y pénétrât; car, on croyait impossible qu'un homme vivant pût y entrer, ou du moins qu'il en pût revenir. Comme d'en haut le sol et la place paraissent d'une couleur grisâtre, on craignait que ce ne fût de la cendre et non un terrain ferme, sur lequel on pût marcher; que ce sol ne fût brûlant, de sorte que celui qui voudrait y pénétrer s'enfoncerait et serait consumé. L'on pensait aussi qu'en bas, la chaleur et la fumée ne fussent excessives et insupportables, et mille autres difficultés. Enfin, les Espagnols disaient qu'on ne pouvait y faire entrer le premier qu'un criminel condamné à mort;

car, l'on ne pensait pas qu'il y eût en bas de vent qui pût diminuer la chaleur et soulager ceux qui y pénétreraient.

Quand Fr. Blas fut arrivé en haut, ses compagnons le reçurent avec joie, lui firent une foule de questions sur l'enfer d'où il venait. Il leur répondit que, quant à la descente et à la montée, ils les avaient vues par eux-mêmes; et que ce qui leur paraissait de la cendre, n'était autre chose que de l'écume et des scories rejetées par le volcan. Que quand elles étaient lancées chaudes, elles avaient la forme de la barbe des épis de blé, et qu'elles se brisaient en morceaux. Il ajoutait qu'il n'aurait pas été fâché d'avoir des gants, car plusieurs des épines l'avaient blessé aux mains; que quant à la chaleur, il y avait plus de vent en bas qu'en haut, et qu'il était même désagréable, parce que, la terre en tombant des parois, produisait une quantité de poussière que le vent chassait dans les yeux. Il ajouta qu'il fallait bien se garder des pierres qui roulaient à chaque instant, et qu'en divers endroits, il sortait des rochers des exhalaisons chaudes et métalliques qui répandaient une odeur de soufre; mais qu'on pouvait facilement éviter tous ces inconvénients, en se garantissant la figure et les yeux. Qu'au reste, il pouvait affirmer devant Dieu et sur sa conscience qu'il n'avait couru aucun autre danger. Il déclara que, selon son opinion, le métal qui bouillonnait dans le puits était de l'argent en fusion, mais qu'il faudrait plus de monde pour pouvoir en tirer un échantillon.

CHAPITRE X.

Suite de l'expédition de Fr. Blas au volcan de Masaya.

Fr. Blas et ses compagnons, voyant que leur tentative était déjà bien avancée, et que la porte leur était pour ainsi dire ouverte, puisqu'ils avaient découvert qu'une entreprise qui paraissait si redoutable n'offrait réellement aucun danger, décidèrent que Pédro

Ruiz resterait dans cet endroit avec quelques Indiens pour garder leurs instruments et que les autres s'en retourneraient à Grenade pour chercher de nouveaux associés. Ils se réunirent donc dans le couvent de Saint-François le dimanche des Rameaux 14 du même mois, et firent appeler Gonzalo Melgarejo, à qui ils racontèrent tout ce qui s'était passé : ce qui le remplit de joie. Ils le communiquèrent aussi à un certain Benito Davila, qui s'offrit à être le premier de ceux qui entreraient dans le Masaya ; à sa prière, ils consentirent à recevoir de nouveau Francisco Fernandez, considérant que si leur entreprise réussissait comme ils l'espéraient, la mine était assez riche pour faire la fortune de bien des gens. Les associés étaient donc au nombre de sept, savoir, frère Blas, Juan Auton, Juan Sanchez, Portero, Gonzalo Melgarejo, Pedro Ruiz, Benito Davila et Francisco Fernandez ; ils convinrent que le lendemain, qui était le lundi de la semaine-sainte, ils se rendraient secrètement et chacun de leur côté par divers chemins, à l'enfer de Masaya pour délibérer sur leur entreprise. Ils se réunirent donc le mardi 16 avril sur la cime du volcan, et après avoir entendu la messe ensemble, chacun, désirant se distinguer, déclara qu'il voulait être le premier à descendre dans le cratère; pour terminer ce différend on eut recours au sort, qui les désigna dans l'ordre suivant : Pedro Ruiz, Bénito Davila, Juan Sanchez et Fr. Blas. Ils rédigèrent et signèrent l'acte d'association; ils dressèrent ensuite trois actes qu'ils avaient l'intention de placer en bas dans la place, et par lesquels ils prenaient possession de cette chaudière de métal bouillant, au nom de Sa Majesté, et au leur. On enveloppa ces titres dans de la toile cirée, et le religieux les prit avec lui pour les cacher, au nom de tous ses compagnons, dans différents endroits de la place.

Au moment où frère Blas terminait sa messe et où les associés allaient se mettre à déjeuner avant d'opérer leur descente, ils virent arriver quelques gentilshommes; c'étaient des habitants de Grenade qui avaient suivi leurs traces; il se nommaient Alonso Cacero, ou Calero, Francisco Sanchez, Francisco Nuñez, Pédro Lopez, Diego de Abrégo, et quelques autres. Fr. Blas et ses compagnons furent très-fâchés de les voir; mais ils cachèrent leur mécontentement, croyant que cela valait mieux pour le service de Dieu et de l'Empereur; quand les nouveaux venus les eurent rejoints ils furent très-étonnés de voir les préparatifs pour descendre dans le cratère aussi avancés, et que l'on eût apporté autant d'instruments et autant de chaînes; et ils s'aperçurent bien que tout cela avait été préparé de longue main. A peine pouvaient-ils croire ce qu'ils voyaient; car cette entreprise leur paraissait plus digne d'un prince que de pareilles gens. Comme ils désiraient prendre part à l'entreprise non comme témoins, mais comme associés, ils commencèrent à faire des reproches à Fr. Blas et à ses compagnons, de ce qu'ils ne leur avaient pas communiqué ce secret dès le commencement. Cependant on parvint à les apaiser, et après qu'ils eurent tous déjeuné ensemble, ceux qui devaient tenter l'entreprise se préparèrent à descendre. Ils mirent des gants, et ceux qui n'avaient pu s'en procurer s'enveloppèrent les mains avec des linges, pour éviter le contact des épines dont le religieux leur avait parlé : ils mirent aussi des casques afin de se garantir des pierres qui roulaient; quelques-uns s'attachèrent des reliques au cou, et tous se recommandèrent à Dieu et aux prières des assistants comme des gens qui vont mourir. On ne peut assez louer le courage et l'intrépidité de notre nation, quoiqu'ils soient prouvés depuis longtemps par les auteurs les plus recommandables, et par les faits dont nous sommes témoins. Quiconque a vu l'enfer de Masaya, regardera la tentative d'y pénétrer comme une des plus téméraires qu'un homme puisse entreprendre. Il faut déjà beaucoup de courage pour s'approcher du bord et le contempler d'en haut, où l'on est cependant à l'abri du danger. Combien n'en faut-il donc pas pour y pénétrer, quand la descente est si difficile et le retour si incertain !

Pédro Ruiz, que le sort avait désigné pour entrer le premier dans le Masaya, s'attacha donc au câble en emportant avec lui un panier qui contenait des vivres et une calebasse pleine d'eau, et que l'on avait enveloppée de paille pour que les vases ne se brisassent pas en heurtant contre les rochers; tous les assistants le recommandèrent à Dieu, et les Indiens commencèrent à le descendre en tournant peu à peu le cabestan. Il arriva ainsi jusqu'au monticule où il se détacha ainsi que son panier, et descendit dans la place. Puis on remonta le câble; et Benito Davila s'y attacha avec une autre corbeille de vivres, et une croix de bois; on le descendit de la même manière, et quand il fut arrivé sur le monticule, les spectateurs le virent descendre dans la place et se prosterner devant la croix que Fr. Blas avait plantée sur un rocher le samedi précédent. Benito Davila attacha avec un clou, sur un autre rocher, la croix qu'il avait apportée. Quand le câble fut remonté, Juan Sanchez s'y attacha avec un panier contenant les jarres de terre qui devaient être placées dans le globe de fer; Fr. Blas descendit ensuite après avoir retroussé son froc, et mis son étole comme il l'avait fait la première fois; il avait les trois actes de possession et emportait un panier qui contenait les chaînes et le globe de fer, le mortier, des tenailles, un ciseau et quelques clous pour le cas où l'on en aurait besoin.

Quand ils furent tous les quatre en bas, on leur descendit une poutre qui avait vingt-neuf pieds de long, et au bout de laquelle se trouvait une poulie. On employa toute la journée à cette opération. Tout le monde était si fatigué qu'on ne put leur descendre de l'eau, que l'on avait apportée en fort petite quantité;

car ceux qui se trouvaient en haut souffraient tellement de la chaleur, qu'ils la consommèrent bientôt sans que cela fût suffisant. Les autres furent donc obligés de supporter la soif toute la nuit ; et tout ce qu'ils purent faire fut de traîner la poutre jusqu'à l'orifice du puits, où ils l'établirent de la manière suivante, dans l'endroit qui leur parut le plus convenable : ils avancèrent l'extrémité à laquelle était attachée la poulie à environ cinq pieds au delà du bord, chargèrent de pierres l'autre extrémité, et après avoir disposé les chaînes et les câbles, ils se couchèrent dans la place et s'endormirent.

Cette chaudière répand une si vive clarté, que l'on pouvait travailler la nuit aussi facilement que le jour. On peut même dire qu'il n'y a pas de nuit dans cet endroit, c'est pourquoi ils n'attendirent pas le matin, et ils se remirent au travail après avoir pris quelques instants de repos. Fr. Blas prétend qu'il fut le seul qui put dormir, et les autres furent troublés dans leur sommeil par le bruit que fait la liqueur ardente en frappant contre les rochers avec une force qui fait trembler toute la place. Les quatre associés se levèrent donc au bout de quelque temps, se rendirent à l'endroit où était la poutre, et préparèrent la corde, à laquelle ils attachèrent le mortier de fer qu'ils descendirent d'une brasse. Ils se mirent ensuite à genoux et firent un vœu à Notre Dame de Guadeloupe. Trois des associés travaillèrent alors à descendre le mortier, et Juan Sanchez, le quatrième, se plaça de l'autre côté du puits, pour les avertir quand il serait arrivé en bas. L'on avait attaché à la chaîne, à environ une brasse au-dessus du mortier, un paquet d'étoupes blanches, afin de le distinguer plus aisément, et pour être averti en les voyant s'enflammer, que le mortier touchait à la surface. On le descendit trois fois : les deux premières, on ne retira rien, quoiqu'on eût cru à tort, il est vrai, l'avoir descendu jusqu'au fond. La troisième fois, la chaîne et le mortier s'attachèrent si fort aux scories, que l'on eut beaucoup de peine à les retirer tant ils étaient lourds. On crut d'abord qu'il était plein de métal ; mais l'on s'aperçut bientôt que ce poids provenait des scories qui s'étaient attachées au mortier et à la chaîne. Voyant qu'ils ne pouvaient espérer de retirer autre chose, et qu'ils étaient épuisés de soif et de fatigues, ils furent se reposer jusqu'au matin. Ces scories étaient très-noires et très-légères : elles étaient remplies de trous blancs et brillants comme si l'on en eût retiré du métal, et surtout de l'or ou de l'argent. Fr. Blas a prétendu qu'il y avait cent brasses de profondeur entre le niveau du puits et la matière en fusion. Mais, Rodrigo de Contreras prétend qu'il n'y en a que quarante ou cinquante, et que Fr. Blas a pris pour de l'or et de l'argent ce qui n'est que de la lave.

Quand le jour fut venu, ceux qui se trouvaient en bas envoyèrent par la corde une lettre pour demander qu'on leur descendît de l'eau ;

mais ils n'annoncèrent pas leur mauvais succès, pour ne pas effrayer les autres; ils leur écrivirent, au contraire, qu'ils avaient trouvé une richesse immense et des échantillons d'argent. Ils réfléchirent ensuite qu'ils n'avaient rien de mieux à faire que de s'en retourner, car ils étaient trop peu nombreux pour mener à fin l'entreprise. En effet, outre que le mortier, la chaîne et les cordes étaient très-pesants, il leur fallait quatorze brasses de chaîne de plus; car ils craignaient de brûler leur corde, qu'ils retiraient chaque fois toute roussie; et si elle avait brûlé, ils auraient été exposés à un grand danger : ils n'auraient pu remonter, et on n'aurait pu leur descendre des vivres; car on se servait, pour cela, de cette corde, qui avait cent quarante brasses de long. Elle était grosse comme le pouce, et leur servait à se diriger en descendant, et ensuite à descendre le mortier et les chaînes dans le puits. Ils résolurent donc de remonter et de revenir pour continuer leur entreprise avec de meilleurs instruments. Ceux qui étaient en haut furent très-réjouis du contenu de leur lettre, et leur envoyèrent aussitôt une calebasse pleine d'eau, dans un panier avec une lettre dans laquelle on les avertissait de prendre garde à ce qu'ils feraient, de ne montrer pas des échantillons de l'argent qu'ils avaient trouvé; car les gentilshommes qui étaient venus désiraient beaucoup les voir, et voulaient les forcer à les montrer, et leur disaient de faire monter Benito Davila le premier.

Quand les quatre compagnons virent cette lettre, ils convinrent de dire qu'ils avaient trouvé des indices de grandes richesses. Fr. Blas laissa monter avant lui ses trois compagnons, et se fit ensuite remonter avec un panier, qui contenait la chaudière et la calebasse que l'on avait descendue dans le puits : il annonça que ce panier contenait ce qu'ils avaient retiré du puits, et il eut raison d'user de cette supercherie; car, s'il ne leur eût donné cette espérance, quelque homme méchant et sans conscience eût pu couper la corde. Quand ils furent tous arrivés en haut, les autres les prièrent de leur montrer ce qu'ils avaient apporté. Mais Fr. Blas déclara qu'il ne pouvait le faire sans le consentement de ses associés, et il enferma le panier dans un coffre dont il garda la clef. Les autres se retirèrent très-mécontents, et écrivirent au gouverneur Rodrigo de Contreras, qui se trouvait à Léon, tout ce qu'ils avaient vu, et qu'ils supposaient qu'on avait trouvé des indices de grandes richesses. Benito Davila écrivit en particulier au gouverneur, et lui dit, que désormais cet endroit ne devait pas se nommer *Enfer*, mais *Paradis de Masaya*, car il en savait aussi peu que les autres, quoiqu'il y fût entré.

Ce soir-là, on démonta le cabestan, et l'on mit tous les instruments à l'abri. Le lendemain, Fr. Blas revint à Grenade avec ses associés. L'affaire étant donc devenue publique, et le bruit s'étant répandu que cet endroit recelait d'immenses trésors, le gouverneur leur écrivit de préparer tout ce qui était nécessaire pour une nouvelle expédition, parce qu'il voulait que l'on entrât dans le cratère en sa présence : ce que l'on exécuta le samedi 27 avril de la même année. Le gouverneur arriva, et l'on disposa devant lui tout ce qui était nécessaire. Le mardi suivant, il désigna pour descendre sept personnes, qui furent, Fr. Blas del Castillo, Pero Ximenez, Pan y Agua, Juan Platero, Juan Martin, Anton Fernandez, portugais, et Nicardo, Français. Ils étaient pourvus de casques, de gants et de tout ce qui leur était nécessaire. Le gouverneur leur fit donner dix brasses de chaînes, ce qui fit vingt-quatre avec ce qu'ils avaient déjà. Quand Fr. Blas fut prêt à descendre, et qu'il se fut recommandé à Dieu, le gouverneur se rendit de l'autre côté du cratère pour mieux voir l'opération. Aussitôt qu'il fut en bas, on descendit ensemble Pero Ximenez et Nicardo, et ensuite Pan y Agua et

Juan Platero, qui se disputèrent tout le long du chemin. Juan Martin et Anton Fernandez eurent beaucoup à souffrir des pierres qui tombaient, et se querellèrent tellement, qu'ils brisèrent les jarres pleines d'eau qu'ils emportaient, de sorte qu'il en resta fort peu. Ils employèrent le reste du jour à préparer une autre poutre, et la poulie qui devait servir à descendre la chaîne, car Fr. Blas avait jeté au fond du puits celle qui avait servi la première fois, pour voir si elle s'enflammerait. Le lendemain, ils préparèrent le mortier, la chaîne et le câble, et eurent soin d'y attacher trois paquets d'étoupes blanches, pour pouvoir facilement les suivre des yeux, et pour être avertis, en les voyant s'enflammer, que le mortier avait touché le fond. Quand tout fut près, ils se mirent à genoux, et firent une prière. Ils descendirent quatre fois le mortier : deux fois ils ne retirèrent rien, parce qu'il n'avait pas touché le fond, quoiqu'ils l'eussent pensé. La troisième fois, ils le retirèrent enveloppé et bouché par une grande quantité de scories. Il était si pesant, qu'ils croyaient bien tenir quelque chose, mais ce n'était que de l'écume. La quatrième fois, quand le mortier eut touché le fond, ils descendirent encore dix-sept ou dix-huit brasses de chaînes ; mais la scorie était si épaisse, que le mortier ne put la traverser pour arriver jusqu'au métal bouillant, et qu'il resta dessus ainsi que la chaîne, qui était très-menue et de l'épaisseur de la garde d'une épée. Quand on la retira, elle était rouge comme si elle sortait de la forge, et la corde était brûlée et roussie dans plusieurs endroits. Cette opération étant terminée, on leur descendit de l'eau et une lettre du gouverneur, dans laquelle il leur ordonnait de lui envoyer des échantillons de ce qu'ils avaient retiré du puits, et de la terre qui était aux environs des veines. On lui envoya donc de petites pierres très lourdes qui se trouvent dans la place, et les scories que l'on avait retirées du puits. Quand ceux qui étaient en haut les eurent examinées, ils furent très-mécontents, et retournèrent à la ville, chacun de leur côté. Mais Fr. Blas soutenait toujours, par plusieurs raisons qui flattaient son avarice, mais qui méritent peu de confiance, que la matière qui bouillonnait en bas était du métal. Et il ajoute dans sa relation que les personnes instruites qui, jusqu'à présent, ont visité le Masaya, sont toutes de la même opinion. Il cite à cette occasion l'opinion de Fr. François de Bobadilla, de l'ordre de la Merci; d'Alonzo de Rosas, prêtre; de Fr. Barthelémy de Las Casas, de l'ordre de Saint-Dominique, et de Fr. Jean de Gandavo, de l'ordre de Saint-François, qui, selon lui, ont pensé que c'était du métal. Je les ai connus tous, à l'exception de Gandavo, et ils regardaient unanimement Fr. Blas comme un homme plus ambitieux que savant. Il dit lui-même dans sa relation que l'on n'a pu savoir au juste si c'était du métal, parce que le gouverneur de la province n'avait pas voulu permettre de nouvelles tentatives. Fr. Blas en parle avec acrimonie, et soutient que la matière en fusion est de l'argent, quoique, dans l'opinion générale, ce soit du soufre. Quant à moi, je pense que le gouverneur se conduisit comme un homme sage et prudent, en ne voulant pas permettre que des chrétiens risquassent leur vie sous la conduite d'un homme aussi léger que ce religieux. Rodrigo de Contreras, qui gouvernait alors le pays au nom de Sa Majesté, fit donc très-bien de ne pas permettre à ces ambitieux sans jugement de descendre dans l'enfer de Masaya; et un autre, à sa place, eût puni la témérité de Fr. Blas et de ses compagnons. Le gouverneur défendit que ce religieux ni personne y entrât, sans la permission de l'Empereur. D'ailleurs, Fr. Blas n'avait pas la permission de ses supérieurs pour y pénétrer, ni pour faire aucun traité avec les aventuriers qu'il engagea dans cette expédition. Il exposa en cela son âme et sa conscience, et je l'ai entendu blâmer par des religieux de son ordre,

personnes très-respectables et très-instruites.
Cette entreprise ne fut pas tentée dans le
désir de servir Dieu et le roi ; mais ce fut une
espèce de vol ; car, s'il eût réussi, il eût essayé de traiter avec Sa Majesté. Il dit lui-
même dans sa relation que quand il se
trouvait dans la place, le gouverneur lui
écrivit que puisqu'il ne voulait pas remonter,
il lui envoyât au moins des échantillons des
veines. Comme il n'avait pas d'instruments
de fer destinés à cet usage, il travailla, lui et
Juan Platero, avec le petit marteau dont j'ai
parlé, à en arracher quelques morceaux,
qu'ils mirent dans un panier. Juan Platero
soutenait que, sans aucun doute, c'était de
l'or fondu qu'il y avait au fond du puits. Pero
Ximenez entendant cela, leur dit qu'il les
prenait tous à témoin qu'il prenait possession de la veine principale, située du
côté de Léon, au nom de son seigneur Alonzo
Calero. Pan y Agua dit alors qu'il les prenait aussi à témoin qu'il prenait possession,

d'une autre veine qu'il leur désigna, et qui était située du côté d'un village d'Indiens nommé Monborina, au nom de son maître Francisco de la Peña, cousin du gouverneur. Fr. Blas, croyant qu'ils agissaient d'après les ordres qu'ils avaient reçus de leurs maîtres avant de descendre, s'écria alors : Soyez témoins que je ne prends possession ni d'une veine ni de l'autre, mais de cette fournaise de métal qui bout en bas, au nom de Sa Majesté, de moi et de mes associés. Tout le monde se mit à rire de cette boutade; mais bientôt ils commencèrent à se quereller et à se menacer; de sorte qu'ils brisèrent toutes les jarres d'eau qu'on leur descendait, parce qu'ils ne pouvaient s'accorder pour tirer la corde d'une manière convenable. Cependant Fr. Blas les réconcilia, et ils remontèrent deux à deux dans le même ordre qu'ils étaient descendus, et il monta le dernier, emportant avec lui la terre qui devait servir à faire des essais. Quand il fut arrivé en haut, il la présenta au gouverneur, qui la fit essayer à Léon; l'on n'y trouva rien. Fr. Blas et ses associés, non contents de toutes ces tentatives, sollicitèrent et requirent même le gouverneur de leur permettre de rentrer dans cet abîme; mais il ne voulut jamais y consentir. Cette fois-là, qui fut la troisième, le gouverneur et une quantité d'autres personnes y assistèrent, et les virent entrer et sortir. Il faut qu'un gouverneur ait bien de la patience pour contenter tous ceux qui lui sont soumis, et particulièrement des gens aussi dévergondés que ceux que Fr. Blas avait réunis. Comme il n'avait pas mis d'argent dans cette affaire, peu lui importaient les pertes de ses associés. Le gouverneur eut donc raison de ne pas leur permettre d'exposer leurs biens et leur vie : d'autant plus, que ce n'était qu'avec beaucoup de peine que les Indiens portaient à travers les rochers tous les instruments nécessaires. Mais Fr. Blas et ses compagnons n'en avaient aucune pitié.

Un gouverneur cruel et tyrannique eût pu seul permettre à des chrétiens de pénétrer dans un pareil endroit, d'autant plus que les essais déjà tentés suffisaient pour détromper Fr. Blas et ses compagnons, et les convertir à l'opinion générale, c'est-à-dire que c'est du soufre qui bouillonne ainsi.

Fr. Blas rapporte encore beaucoup d'autres choses dans sa relation qui sont de peu d'importance ; entre autres, le serment que lui et quatre de ses associés firent sur l'Évangile, entre les mains du Français Fr. Jean de Gandavo, de persister dans leur opinion erronée. Il donne encore beaucoup de raisons pour démontrer que c'est du métal qui bout au fond de ce gouffre, et que ce n'est pas un soupirail de l'enfer; que cela ne peut être du salpêtre, ni du soufre, comme plusieurs l'ont prétendu, ni du fer, ni du cuivre. Il ajoute que ce ne peut être que de l'or ou de l'argent, ou peut-être les deux métaux mêlés ensemble, et finit par conclure que ceux qui croient que c'est de l'argent ont raison. Moi, je pense qu'ils ont tort, et qu'ils n'y entendent rien.

Je n'aurais pas parlé de tout cela, si je ne l'avais cru nécessaire ; car il est bien clair que ceux qui sont descendus en bas ont dû beaucoup mieux voir que ceux qui sont restés en haut, comme moi. Aussi Fr. Blas décrit-il très-bien tout ce qu'il a observé, excepté que tout le monde n'est pas d'accord avec lui sur le nombre de brasses de profondeur. J'ai entendu dire au gouverneur Don Rodriga de Contreras, qui était présent à la troisième tentative, qu'ils y sont réellement entrés ; et que la configuration du cratère change tous les jours par des éboulements de terre. Je me suis décidé à conserver cette relation, pour que tout le monde connaisse une entreprise aussi téméraire, dans laquelle ce religieux risqua non-seulement sa vie, mais son âme ; et il faut après tout en rendre grâce à Dieu, qui le délivra, ainsi que ses compagnons, du danger où leur avarice les avait conduits.

CHAPITRE XI.

Des mœurs et autres particularités de la province de Nicaragua et des provinces voisines.

Les anciens étaient dans l'usage de se réunir, après la récolte, dans leurs temples, et d'y célébrer des fêtes pour se divertir et honorer leurs dieux. Puisque cette ancienne coutume était observée par des peuples aussi civilisés, il n'est pas étonnant qu'elle ait été aussi adoptée par les Indiens. J'ai connu un cacique surnommé *Le Vieux* à cause de son âge avancé, et dont le véritable nom était Agatéite, et celui de son village Técoatéga. C'était un des chefs les plus puissants du Nicaragua ; il comptait plus de vingt mille vassaux de tout âge et de tout sexe, dont six mille guerriers armés d'arcs et de flèches. Je me trouvai un jour chez lui quand les Indiens célébrèrent un *areito* que l'on nomme *mitote* au Nicaragua, et dans lequel les Indiens chantent en chœur. On venait de faire la récolte du cacao, fruit dont les amandes servent de monnaie, comme je l'ai dit plus haut, et dont les Indiens préparent un breuvage qu'ils estiment beaucoup.

Ce mitote fut célébré de la manière suivante : Soixante hommes, parmi lesquels se placèrent des femmes et des enfants, exécutèrent une danse; ils avaient sur la tête de superbes panaches; et quoiqu'ils fussent tous nus, ils étaient peints sur tout le corps de manière à paraître vêtus, et cela avec tant d'art que chacun aurait cru qu'ils étaient aussi bien habillés que des soldats de la garde allemande. Cette peinture était faite avec du coton de toutes les couleurs, filé et coupé très-mince, semblable au duvet qui reste quand l'on tond les étoffes; quelques-uns portaient des masques en plumes. Ils dansaient par couple autour de la place; et il y avait une distance d'environ trois ou quatre pas d'un couple à l'autre; on avait planté au milieu de la place un mât de quatre-vingts palmes de haut, au sommet duquel se trouvait une figure d'idole, assise et très-bien peinte, qui représentait, d'après ce qu'ils me dirent, le dieu du Cacaguat ou Cacao. On avait planté quatre pieux, de manière à former un carré autour de ce mât : à l'extrémité était fixée une corde de liane ou de pité (1), d'environ deux doigts d'épaisseur, que l'on avait ensuite roulée très-serré autour du mât. Aux deux bouts de

(1) Cabuya, plante d'Amérique qui sert à faire des cordes.

cette corde, on avait attaché deux jeunes garçons de sept ou huit ans, dont l'un tenait d'une main un arc, et de l'autre un paquet de flèches; le second portait un chasse-mouche et un miroir; quand la danse était terminée les deux jeunes garçons sortaient du carré, et la corde en se déroulant les enlevaient en l'air, tournant autour du mât dont ils s'éloignaient à mesure que la corde se déroulait; ils se servaient l'un à l'autre de contre-poids. Pendant ce temps les soixante danseurs exécutaient un pas très-bien réglé, au son de six tambours et de la voix d'une douzaine de chanteurs; les danseurs observaient le plus profond silence. Cette musique et cette danse durèrent environ une demi-heure. Au bout de ce temps les jeunes garçons commencèrent à redescendre; ils mirent pour revenir à terre environ autant de temps qu'il en faut pour dire cinq ou six fois le *Credo*. Pendant tout le temps qu'ils restèrent en l'air ils remuèrent les jambes et les bras, de sorte qu'ils paraissaient voler ; comme la corde est exactement mesurée, quand elle s'arrête, elle n'est plus qu'à un palme du sol, de sorte qu'ils n'ont qu'à baisser leurs jambes qu'ils ont toujours tenues en l'air, pour se retrouver sur leurs pieds, l'un d'un côté, l'autre de l'autre, à plus de trente pas du mât. Aussitôt qu'ils ont touché la terre, les danseurs et les musiciens s'arrêtent en jetant un grand cri, et la fête est terminée. Le mât reste huit ou dix jours dans cet endroit ; ce terme écoulé, cent Indiens et plus viennent l'arracher ; ils en détachent le cemi ou l'idole que l'on avait placée au sommet, et ils le transportent dans le temple, où il reste jusqu'à l'année suivante, où l'on recommence la même fête, qui est certainement très-curieuse à voir ; mais rien ne me plut davantage que leurs superbes panaches, et l'espèce de vêtement que je viens de décrire. Chaque couple ou chaque quadrille avait un uniforme de couleur et d'espèce différente ; les danseurs étaient tous de beaux hommes, et auraient paru tels en Espagne, et dans tout le reste du monde.

Lors de la mort de ce vieux cacique, auquel succéda son fils, jeune homme très-distingué, j'ai vu célébrer une autre espèce d'areito sur la place de Tecoatega : c'était un dimanche 16 de mai, jour de la Pentecôte; vingt Indiens peints de noir et de rouge, et ornés de panaches, étaient rassemblés sous une espèce de hangar, et battaient la mesure avec leurs pieds, au son de six tambours. Au milieu de la place, à environ vingt pas du hangar, on voyait une douzaine d'Indiens déguisés et peints de rouge et de noir. Ils avaient aussi des panaches et portaient à la main des javelots, des chasse-mouches et des balles en coton; ils dansaient en mesure au son de cette musique; à douze pas vers la droite étaient quatre Indiens peints comme les premiers, excepté qu'ils avaient la figure d'un rouge de sang; sur la tête, des perruques à longs cheveux, et des panaches comme ils en mettent pour briller à la guerre. Trois d'entre eux restaient parfaitement tranquilles, le quatrième seul dansait sans s'éloigner de plus d'un pas ou deux de Tecoatega, qui lui lançait des bâtons toutes les fois qu'il s'éloignait de trois ou quatre pas; il le frappait tantôt sur le dos, tantôt sur le ventre ou sur les cuisses, en ayant soin d'éviter de l'atteindre à la tête. Quand le cacique lui lançait son bâton il pliait le corps, se retournait ou se baissait, de sorte qu'il parvenait souvent à éviter le coup; mais quand il ne réussissait pas, il recevait de bons coups qui lui laissaient des marques. Lorsqu'il eut reçu dix ou douze coups, un autre prit sa place, et ainsi de suite jusqu'à ce que le cacique leur eût cassé sur le corps une trentaine de bâtons, plus légers que des roseaux, et de la grosseur du petit doigt : il y avait au gros bout une boule de cire, de sorte que quoique les coups ne fussent pas dangereux, c'était un jeu brutal, surtout avec des gens tout nus. L'un d'eux recevait-il un coup, il ne changeait pas de figure, ne se plaignait pas, et loin d'avoir l'air d'en souffrir, il se préparait à en recevoir un autre ; le cacique lui lançait trois ou quatre fois le même bâton, jusqu'à ce qu'il l'eût cassé, ou qu'ayant manqué son coup, il l'eût lancé trop loin. Il cassa donc, comme je l'ai dit, une trentaine de bâtons sur le corps de ces quatre danseurs. Une quantité d'Indiens, hommes, femmes et enfants regardaient, cette fête. Quand le cacique eut cassé tous ses bâtons, le jeu cessa ; et il se fit apporter du cacao dont il donna cinq cents grains à chacun des quatre danseurs. Les musiciens, les danseurs, les chanteurs et les battus s'en allèrent alors en jetant de grands cris, et suivis d'une multitude d'Indiens pour aller dans d'autres villages visiter les caciques. Quatre jeunes gens dont on n'avait pas encore frotté la peau les accompagnèrent pour recevoir des coups ; ils emmenaient avec eux deux Indiens chargés de l'espèce de bâton qui sert à cet exercice.

Quand ils furent partis, je demandai au cacique la raison de cette cérémonie; si c'était jour de fête parmi eux, et ce que cela voulait dire. Il me répondit que ce n'était pas jour de fête, et que c'étaient des Indiens d'un autre village qui allaient ainsi demander du cacao aux caciques et que ces chefs leur en donnaient comme il l'avait fait; mais qu'auparavant on avait l'habitude de leur casser des bâtons sur le corps pour voir s'ils étaient braves, forts, et capables de supporter les fatigues de la guerre, et les blessures. Il est certain que le cacique, en leur lançant ces bâtons y allait de franc jeu, qu'il était jeune et vigoureux, et qu'il leur donnait des coups qui leur faisaient lever la peau d'un doigt de haut. Ce jour-là, voulant savoir quelle heure il était, je tirai un de ces petits cadrans solaires que l'on apporte de France, ou de Flandre, et qui sont renfermés dans une boîte d'ivoire avec un petit miroir: le tout pouvait valoir en Espagne, trois ou quatre réaux d'argent. Cette bagatelle plut beaucoup au cacique, qui me la demanda; il me donna en échange un autre cadran en marcassite, de la grandeur d'un double ducat, et montée sur une très-belle pierre de jaspe ou de porphyre vert; si je ne me trompe, ils les nomment dans leur langue *chaschate*.

Les Indiens ont encore d'autres espèces d'areitos ou de danses accompagnées de chants, qui sont très-usitées comme je l'ai souvent dit dans le cours de cette histoire, surtout à la mort des caciques. Ces areitos ou chants leur tiennent lieu d'histoire, conservent la mémoire des faits passés, et célèbrent celles du présent. Quelquefois elles leur servent à cacher une trahison comme cela arriva lors de la mort de Christophe de Sotomayor dans l'île de St-Jean, ainsi que je l'ai raconté au livre XVI, ch. v. (1). Ils célèbrent aussi les areitos, quand ils font leurs orgies, où le vin coule aussi abondamment que les chants, jus-

---

(1) En 1510, Agueybana, l'un des principaux caciques de l'île de Boriquen ou Puerto-Rico, convoqua les autres chefs sous prétexte d'une fête. La destruction des Espagnols fut convenue

qu'à ce qu'ils roulent par terre ivres-morts ; ceux qui tombent ainsi restent là jusqu'à ce que l'ivresse soit passée, ou jusqu'au lendemain ; car ceux qui sont dans cet état sont plutôt enviés que blâmés par leurs compagnons ; et ce n'est pas pour danser, mais bien pour s'enivrer qu'ils se réunissent. Voici un fait dont j'ai été témoin, et j'avoue qu'ainsi qu'un prêtre et quelques Espagnols qui étaient aussi présents dans cette occasion, j'aurais voulu être bien loin ; car il était dangereux de se trouver au milieu de soixante-dix ou quatre-vingts Indiens idolâtres et brutaux, ivres ainsi que leur cacique, et qui ne peuvent aimer les chrétiens, qui, de maîtres les ont rendus esclaves, et qui ont cherché à détruire leurs rites, leurs cérémonies et leurs vices. Nous ne pouvions faire aucun fonds sur leur

au milieu des chants et des danses. Ils furent presque tous massacrés ainsi que leur chef, D. Christoval de Sotomayor, qui avait été averti par la sœur d'Agueybana, avec laquelle il vivait, et par un interprète ; mais il n'avait pas voulu les croire. (Oviedo, liv. XVI, ch. v.)

amitié; nous étions loin de toute aide, de tout secours, dans la maison d'un des plus puissants caciques de la province, et qui pouvait facilement se mettre en lieu sûr, soit par mer, soit par terre. Toutes ces circonstances nous inspiraient beaucoup de crainte, au milieu de cette orgie; il est vrai que ce cacique nommé en indien, Nicoya Nambi, était un de ceux qui faisaient le plus de cas de l'amitié des chrétiens; il était baptisé sous le nom de D. Alonzo; quand on avait besoin d'Indiens et qu'on lui en demandait, il répondait toujours : Je n'ai pas d'Indiens ; je n'ai que des chrétiens, et je vous en donnerai si vous voulez. Et quand on lui disait : Donnez-nous des chrétiens pour faire telle et telle chose, il en fournissait autant qu'on le désirait. Voici donc ce que firent ce cacique et ses vassaux, tout baptisés qu'ils étaient (1).

Le samedi 19 août 1526, D. Alonzo, cacique

(1) Ce fait est rapporté par Rodrigo del Castillo, dans son Mémoire de l'an 1531.

de Nicoya, dont le nom était Nambi, ce qui veut dire *chien* en langue Chorotega, étant arrivé sur la place de son village deux heures avant la nuit, quatre-vingts ou cent Indiens se rassemblèrent dans un coin de cette place, et se mirent à célébrer leur areito, en chantant et en dansant. Ce devaient être des gens du commun; car le cacique alla en cérémonie s'asseoir dans un autre coin de la place sur une espèce de banquette. Les principaux officiers et soixante ou quatre-vingts autres Indiens prirent place autour de lui, et une jeune fille leur apporta à boire, dans de petites calebasses de la grandeur d'une tasse, une espèce de vin très-fort et un peu acide qu'ils fabriquent avec du maïs, et qu'ils nomment *Chicha*. Cette boisson ressemble, par sa couleur, à du bouillon de poulet dans lequel on a mêlé un ou deux jaunes d'œufs. Aussitôt qu'ils eurent commencé à boire, le cacique prit un paquet de morceaux de tabac d'environ six pouces de longueur et de l'épaisseur d'un doigt, faite d'une espèce de feuille roulée et attachée avec du fil. Ils cultivent cette plante avec le plus grand soin, et ils en font des rouleaux qu'ils allument par un bout, et qui brûlent lentement pendant toute une journée. Ils placent l'autre extrémité dans leur bouche et en aspirent de temps en temps la fumée qu'ils conservent quelque temps, et qu'ils repoussent ensuite par la bouche et par les narines. Chaque Indien avait un de ces rouleaux de feuilles que l'on nomme *ynpoquete* dans leur langue, et *tabaco* à l'île Espagnole ou Haïti. Des serviteurs des deux sexes leur apportaient alternativement des calebasses remplies de cette boisson, et de celle que l'on prépare avec le cacao. Ils buvaient continuellement trois ou quatre gorgées de cette dernière et se passaient de main en main la calebasse qui la contenait. Pendant tout ce temps, ils ne cessaient d'aspirer cette fumée, de jouer du tambour et de battre des mains en mesure, pendant que d'autres chantaient. Ils restèrent ensemble jusqu'au milieu de la nuit, et la plupart tombèrent ivres-morts sur la place. Mais, comme les symptômes de l'ivresse sont différents chez tous les hommes, les uns paraissaient morts et ne faisaient aucun mouvement; d'autres pleuraient ou criaient; quelques-uns faisaient des sauts extravagants. Quand ils furent dans cet état, leurs femmes, leurs amis et leurs enfants vinrent les chercher et les emmenèrent coucher chez eux. Quelques-uns dormirent jusqu'au lendemain midi; d'autres jusqu'au soir, selon qu'ils avaient plus ou moins bu. Ceux qui ne s'enivrent point ainsi sont méprisés par les autres, et regardés comme de mauvais guerriers. Il était véritablement effrayant de les entendre pleurer et crier, et encore plus de les voir boire de cette manière; car, moins nous connaissions la manière dont finirait la fête, plus le danger où nous étions nous paraissait grand. Les femmes d'un rang élevé font entre elles des orgies du même genre.

Nous pensâmes plus d'une fois que c'étaient les cinq ou six Espagnols qui se trouvaient là qui seraient les victimes de la fête; c'est pourquoi nous restâmes sur nos gardes, et les armes à la main. Car, quoique nous ne fussions pas assez nombreux pour nous défendre contre tant d'ennemis, nous étions bien résolus à vendre chèrement notre vie, et à tuer le cacique et les principaux chefs, sans lesquels les autres ne sont rien; car ces Indiens se débandent ordinairement, après avoir perdu leurs capitaines.

Quand l'orgie fut terminée, je représentai au cacique, que puisqu'il était chrétien, et qu'il prétendait que la plus grande partie de ses chefs et de ses vassaux l'étaient aussi, il devait s'abstenir de pareilles orgies; qu'un homme ivre et qui a perdu la raison devient semblable à une brute dégoûtante; qu'il devait bien savoir que la raison est ce que l'homme possède de plus précieux, et que plus il en a plus il se distingue parmi les autres, et mérite leur estime ; qu'au contraire plus un homme est stupide et ignorant, plus il est semblable à la bête ; que lui-même, par exemple, il comptait parmi ses vassaux des chefs qui étaient plus puissants et qui lui appartenaient de plus près que D. Diego, chef qui avait toute sa confiance, et qu'il préférait aux autres, parce qu'il était plus sage et plus brave. Pourquoi donc, lui dis-je, puisque vous estimez la raison par-dessus tout, buvez-vous de manière à la perdre, et à rester sans sentiment comme des brutes ? Des chrétiens ne doivent pas agir ainsi. Je le réprimandai aussi de ce qu'il couchait presque toutes les nuits avec une jeune vierge, ce qui est un péché horrible aux yeux de Dieu ; car un chrétien ne doit pas avoir plus d'une seule femme, et il en avait un grand nombre outre celles qu'il déflorait.

Je sais, me dit-il, que les orgies ne valent rien ; mais c'était la coutume de mes ancêtres, et si je ne l'observais plus, je perdrais l'affection de mes vassaux, qui attribueraient cette conduite à l'avarice, et quitteraient mes domaines. Quant aux femmes, je me contenterais volontiers de n'en épouser qu'une : j'en aurais moins à contenter; mais les unes me sont amenées par leurs parents, qui me supplient de les recevoir, et je prends les autres, parce qu'elles me plaisent, et pour avoir beaucoup d'enfants. Lorsque je déflore les vierges, c'est pour leur faire honneur ainsi qu'à leur famille, et les autres Indiens les épousent alors plus volontiers. Je répondis à tout cela en tachant de lui faire connaître son erreur, et en lui représentant qu'il commettait de grands péchés, et qu'il tenait une conduite plus digne d'un infidèle que d'un chrétien. Il m'accordait tout cela, et me disait que je lui donnais de bons conseils, et que peu à peu il se corrigerait; mais son nom répondait à sa conduite, et sa conduite à son nom de Nambi, qui, comme je l'ai dit, signifie chien.

Ils tenaient encore une autre espèce d'areito,

qui se célébrait de la manière suivante, trois fois par an, à certains jours fixes, qu'ils regardent comme leur principale fête. Le cacique de Nicoya, ses principaux chefs et la majeure partie de ses vassaux des deux sexes se peignaient le corps, et mettaient leurs plus beaux panaches. Ils exécutaient une danse en rond, dans laquelle les femmes se tenaient par la main ou par le bras; les hommes formaient un cercle autour d'elles, en se tenant de la même manière. Ils laissaient un espace d'environ quatre ou cinq pas, dans lequel, ainsi que dans celui qui se trouvait au milieu des femmes, il y avait d'autres Indiens qui donnaient à boire aux danseurs. Ils ne cessaient de boire et de danser, et les hommes faisaient avec le corps et la tête une foule de mouvements que les femmes imitaient. Les femmes ont toutes ce jour-là une paire de *cutaras*, ou souliers neufs. Ils dansent ainsi pendant quatre heures et plus sur la place principale du village, en face du temple et autour du monticule qui sert aux sacrifices. On emmène ensuite une femme ou un homme désigné à cet effet; on le fait monter sur ce tertre, on lui ouvre le côté, on lui arrache le cœur, et on offre aux dieux le premier sang qui coule; puis, on lui coupe la tête, ainsi qu'à quatre ou cinq autres, sur la grosse pierre qui est en haut du tertre. Ils offrent le sang des autres victimes à leurs dieux particuliers, et en teignent leurs idoles. Ils en frottent la figure de leurs prêtres et de leurs sacrificateurs, ou, pour mieux dire, de leurs bourreaux infernaux.

L'on jette ensuite les cadavres du haut en bas de ce monticule, où les Indiens vont les ramasser pour les manger, comme une nourriture sacrée et excellente.

Au moment où le sacrifice est terminé, les femmes jettent un grand cri, et s'enfuient dans les bois et dans les montagnes, chacune de leur côté ou deux à deux. Elles y vont malgré la volonté de leurs parents et de leurs maris, qui les ramènent par leurs prières, leurs promesses ou des présents. Quant à celles qui ont besoin d'un moyen plus sévère, on leur donne des coups de bâton, puis on les attache jusqu'à ce que leur ivresse soit passée. Celle que l'on saisit le plus loin est louée et estimée par-dessus les autres.

Le même jour ou le lendemain de ces fêtes, on apporte une quantité de gerbes de maïs que l'on place autour du tertre des sacrifices. Tous les hommes, sans exception, à commencer par les prêtres de Satan et par le cacique, s'en approchent et s'incisent la langue ou les parties naturelles, chacun selon sa dévotion, avec des cailloux bien tranchants : ils font tomber le sang sur ce maïs, se le partagent ensuite de manière à ce que chacun en reçoive quelque peu, et le mangent comme une chose bénite. Les habitants de la province de Nicoya se percent la lèvre inférieure et y placent un morceau d'os blanc et rond. Quelques-uns y introduisent une espèce de bouton d'or travaillé au marteau, qu'ils attachent en dedans de la bouche avec un cordon qui touche à la mâchoire inférieure. Plus ce bouton est pesant et plus la lèvre est pendante, de sorte qu'ils sont obligés de l'ôter pour boire et pour manger. Ils portent, comme les habitants de Mexico et ceux de Léon de Nagrando, de longues ceintures roulées autour du corps, et des tuniques de coton de diverses couleurs et sans manches. Les femmes ont une espèce de caleçon très-bien travaillé, qui consiste en une bande de trois palmes de larges, cousues par derrière, qu'elles passent entre les cuises, de manière à se couvrir les parties naturelles, et qu'elles ramènent ensuite par devant, et fixent dans leur ceinture. Elles ont tout le reste du corps nu, portent les cheveux longs et rassemblés en deux tresses avec une raie au milieu de la tête, qui divise les cheveux en deux parties égales. Ces tresses, de trois ou quatre palmes de long, se font directement au-dessus de chaque oreille.

Les Indiens de Nicoya et beaucoup d'autres parlent, comme je l'ai dit, la langue chorotega, ainsi que ceux qui habitent les îles du golfe d'Orotina, qui est près de là. Les femmes de Nicoya sont les plus belles que j'aie vues dans ce pays.

Passons maintenant à d'autres sujets, dont j'ai promis de parler dans ce chapitre, puisque j'ai terminé tout ce que j'avais à dire sur les areitos. J'ai parlé, dans diverses parties de cette histoire, d'autres espèces d'areitos; car, comme les nations des Indes sont différentes, leurs chants et leurs danses le sont aussi.

Les Indiens de cette province sont très-superstitieux et croient aux augures. Me trouvant dans la ville de Léon de Nicaragua le 14 janvier 1529, nous aperçûmes dans le ciel une lune qui paraissait aussi grande que l'arc-en-ciel; cette lune était blanche et transparente, car l'on voyait les étoiles à travers. Elle nous apparut du côté du sud-est. Elle s'étendait jusqu'au zénith, et couvrait la moitié de l'horizon. Elle se dirigeait vers le nord-est, et perdait beaucoup de sa clarté, quand la véritable lune se levait. Nous la vîmes toutes les nuits jusqu'au 6 février, c'est-à-dire, pendant l'espace de vingt-quatre nuits. Mais quelques personnes prétendirent l'avoir déjà aperçue quelques nuits avant celle du 14 janvier.

Ayant demandé aux Indiens ce que cela voulait dire, ils me répondirent que leurs sages et leurs vieillards avaient décidé que ce présage annonçait qu'un grand nombre d'Indiens mourraient en voyage. Ce qui n'était pas difficile à deviner ; car les chrétiens les accablaient de fardeaux, et s'en servaient comme de bêtes de somme, leur faisant transporter sur leur dos, d'un endroit à l'autre, tout ce dont ils avaient besoin. Cette lune allait toujours en diminuant de jour en jour, en commençant par la partie inférieure, de sorte que ce fut celle qui se trouvait au zénith qui disparut la dernière.

Ces Indiens ont un grand nombre de dieux qu'ils appellent *teotes* ; ils leur sacrifient des hommes et de jeunes garçons, comme je l'ai dit dans un autre endroit, plutôt par méchanceté et gloutonnerie que par dévotion ; car ils aiment beaucoup la chair humaine. Ils ont un dieu de l'eau, un dieu du maïs, un dieu des batailles, un dieu des fruits et ainsi de suite. Chacune de ces divinités porte un nom particulier et approprié à ses fonctions : ils y ont recours selon leurs besoins, imitant en cela l'idolâtrie des anciens, qui faisaient de Mars le dieu des batailles, de Cérès, la déesse de l'abondance, etc. Ils en usent ainsi au Nicaragua, et ajoutent au nom de chaque dieu le mot de *teot*, qui veut dire Dieu. Ils nomment aussi le démon et les chrétiens teot. Je parlerai peu de leurs cruautés, parce qu'elles sont sans nombre, et que l'on peut tout croire de la part de gens qui mangent de la chair humaine.

En 1528, le trésorier Alonzo de Péralta, un gentilhomme nommé Zurita, et les deux frères Ballas, sortirent de la ville de Léon et allèrent chacun de leur côté pour visiter les villages et les Indiens qui leur appartenaient ; aucun d'eux n'en revint, et ils furent dévorés par leurs propres vassaux.

Pédrarias Davila envoya un capitaine et des soldats pour s'emparer des malfaiteurs ; on arrêta dix-sept ou dix-huit caciques que Pédrarias fit étrangler par les chiens. L'exécution eut lieu de la manière suivante, le mardi 16 juin de la même année, sur la place publique de Léon : on donna à chaque Indien un bâton dans la main, et on lui fit dire par l'interprète de se défendre contre les chiens, et de les tuer à coups de bâtons, s'il le pouvait. On lançait ensuite contre lui cinq ou six jeunes chiens, que leurs maîtres voulaient dresser à cette chasse. Comme ces animaux étaient sans expérience, ils couraient en aboyant autour de l'Indien qui les écartait facilement avec son bâton ; mais au moment ou il se croyait vainqueur, on lançait contre lui une couple de mâtins ou de levriers

bien dressés, qui le terrassaient en un instant;
les autres chiens se jetaient alors sur l'Indien,
l'étranglaient, le déchiraient, lui arrachaient
les entrailles, et le dévoraient. On expédia de
cette manière ces dix-huit malfaiteurs, qui
étaient de la vallée d'Olocoton et des environs.
Quand les chiens furent rassasiés, les cadavres restèrent sur la place, car on avait défendu de les enlever sous peine d'être traité
de la même manière; sans cela les Indiens
les auraient enlevés le soir même pour les
manger dans leurs maisons. On les avait
laissés dans cet endroit pour effrayer les naturels; mais comme le pays est chaud, dès le
second jour ils commencèrent à répandre une
odeur qui devint insupportable; le quatrième,
comme j'étais obligé de passer par là pour me
rendre à la maison du gouverneur, je le suppliai de permettre qu'on les emportât. Le
gouverneur céda à nos prières, d'autant plus
volontiers qu'il y était intéressé lui-même,
puisque sa maison était située sur la place.

Il ordonna donc d'enlever ces cadavres. A peine cet ordre fut-il donné que les Indiens des environs, qui viennent chaque jour au Tianguez ou marché qui se tient sur cette place, les coupèrent en morceaux, et les emportèrent dans leurs maisons sans en laisser vestige. Ils prétendaient qu'ils les emportaient dans les champs, parce qu'ils savaient que les chrétiens ont la chair humaine en horreur, et qu'ils leur avaient défendu d'en manger; mais il est certain que l'ordre du gouverneur leur valut ce soir-là un bon souper.

Je vais raconter ici un autre événement cruel et bien remarquable, quoiqu'il ne soit pas arrivé pendant que j'étais au Nicaragua, mais environ un an et demi auparavant, lorsque Francisco Fernandez, lieutenant de Pédrarias, était occupé à en faire la conquête. Voici comment la chose se passa : les Indiens étaient effrayés de la valeur des Espagnols, et surtout craignaient beaucoup les chevaux, car ils n'avaient jamais vu d'animaux de cette espèce; ils imaginèrent donc une ruse de guerre pour effrayer les chevaux, pensant que s'ils parvenaient à les mettre en fuite ils vaincraient facilement les Espagnols. Les habitants de la province que l'on nomme *de los Maribios*, à cinq lieues de Léon, tuèrent donc un grand nombre de vieillards des deux sexes de leurs propres parents et compatriotes, dévorèrent leur chair et se couvrirent de leur peau; et mettant le côté sanglant en dehors, ils s'en affublèrent si bien qu'on ne leur voyait que les yeux, pensant que les chrétiens prendraient la fuite à cet aspect, et que leurs chevaux en seraient épouvantés. Quand les nôtres se présentèrent, les Indiens, loin de refuser le combat, se rangèrent en bataille, mettant au premier rang ceux qui étaient revêtus de ces peaux; ils lancèrent aux chrétiens une grêle de flèches et firent un horrible bruit de tambours et de trompettes; les chrétiens furent étonnés de leur audace, et même un peu effrayés; mais ils virent bientôt ce que c'était, chargèrent l'ennemi, tuèrent et blessèrent un grand nombre de ceux qui étaient accoutrés de cette manière. Dès que les Indiens eurent vu le mauvais succès de leur ruse, ils prirent la fuite, et nous abandonnèrent la victoire. Depuis ce moment, les naturels dirent que les Espagnols ne sont pas des hommes, mais des teotes, c'est-à-dire, des dieux; mais leurs dieux sont des diables. Depuis cette époque, on nomma cette province le pays des écorchés (*tierra de los desollados*).

Une autre habitude de ces Indiens, qui n'est pas moins horrible que celle de manger de la chair humaine, c'est celle de vendre leurs enfants dans les marchés, ou de les mettre en gage, sachant que ceux à qui ils les vendent ou les engagent ont le droit de les manger, s'ils le veulent.

Depuis le moment où ils semaient le maïs, jusqu'à celui de la récolte, ils vivaient chastement, n'approchaient plus de leurs femmes, et couchaient dans un endroit séparé. Ils ne mangeaient pas de sel, et se privaient des boissons dont j'ai parlé; en un mot, c'était pour eux un temps d'abstinence.

Beaucoup de personnes pensent que dans le gouvernement de Nicaragua, il y avait un grand nombre de sorciers et de sorcières, qui, suivant leurs désirs, se changeaient en lions, en tigres, en poules, en dindons et en lézards. On en a exécuté quelques-uns pour ce crime dans la ville de Léon, et ils ont avoué eux-mêmes qu'ils conversaient avec le démon. On a quelquefois trouvé des cadavres d'Indiens qui, suivant les naturels, avaient été victimes des sorciers, qui les tuent quand ils sont mécontents d'eux. Ils débitent à cet égard une foule de sottises qu'il est inutile de rapporter.

J'ai déjà dit qu'il y a dans cette province plusieurs langues différentes; il est donc naturel que les coutumes le soient aussi. Les Indiens de Martiaca appellent leur dieu Tipotan, et disent qu'il y eut un homme et une femme de qui tous les mortels descendent. Ils nomment cet homme Nembrita, et la femme Nenguitamali. Les habitants de Nicaragua appellent leur dieu Thomathoyo : ce qui veut dire grand dieu ; et disent qu'il eut un fils qui vint sur la terre ; ils le nomment Theotbilahe, et les anges Tamachaz : Tarazcazcati et Tamacaztobal sont les deux principaux. Ils disent que les anges sont les habitants du ciel, qu'ils ont des ailes et qu'ils volent, et une telle foule de niaiseries, sur lesquelles ils ne sont même pas d'accord, qu'on ne cesserait d'écrire, si on voulait toutes les répéter. Et pourquoi s'étonnerait-on du reste que les Indiens soient idolâtres ? Tant de peuples de l'antiquité ne l'ont-ils pas été ? Le peuple hébreu lui-même n'a-t-il pas adoré le veau d'or ?

CHAPITRE XII.

Du libertinage et des mariages des Indiens du Nicaragua, et d'autres matières relatives à cette province.

J'ai déjà dit qu'il y a au Nicaragua des femmes qui vendent leur personne à quiconque veut les payer, soit avec les amandes qui servent de monnaie dans cette province, soit avec toute autre chose. D'autres femmes tiennent à cet effet des maisons publiques, et nourrissent celles qui se livrent à la prostitution, moyennant un prix fixé. Elles ont des souteneurs (*rufianos*), auxquels elles ne donnent rien, mais qui les accompagnent et qui les servent, et ce n'est pas en poisson, mais bien en chair qu'elles les payent. Puisqu'on tolère de pareils établissements parmi les nations chrétiennes, pour éviter de plus grands maux, je ne vois pas pourquoi l'on blâmerait ces Indiens d'en faire autant. Il y a aussi des gens qui se livrent au péché contre nature, et que l'on nomme *cuylones*.

Mais je ne connais rien de plus ridicule et de plus vicieux en même temps, qu'une des coutumes de ces Indiens, à l'époque de certaines grandes fêtes où se rassemble beaucoup de monde. Les femmes, même celles du plus haut rang, ont le droit de s'abandonner pendant la nuit à tous ceux qui leur plaisent ou qui veulent les payer; et une fois la fête passée, il n'en est plus question. Cela ne se fait qu'une fois l'an, du moins avec la permission des maris, qui n'en sont point jaloux, et ne les châtient pas.

Je vais parler maintenant d'une espèce de mariage usité parmi les naturels, et dont ils ne perdront pas l'habitude de si tôt. Lorsqu'il y a dans une famille une ou plusieurs filles qui ne sont pas mariées, leurs parents trafiquent de leur personne, ou elles se donnent d'elles-mêmes à tous ceux qui leur plaisent. La plus impudique, celle qui a le plus d'amants et sait le mieux les plumer, est préférée des parents, et passe pour la plus habile. Avec ce sale commerce, elles se gagnent une dot ou entretiennent la maison de leur père. Celle de ces filles qui veut se retirer du vice et se marier, demande à son père un emplacement près de la maison qu'il habite, et celui-ci lui en désigne un de la grandeur qui lui convient. Elle se prépare alors à construire une maison aux frais des imbéciles, et elle annonce à ses amants, après les avoir réunis, qu'elle veut faire une fin et prendre l'un d'eux pour mari; que comme elle n'a pas de maison, il faut qu'ils lui en construisent une sur l'emplacement qui lui a été cédé. Elle en donne le plan, et leur annonce que s'ils l'aiment bien, il faut lui en donner la preuve, en la terminant dans l'espace de trente ou quarante jours. Elle charge l'un d'apporter le bois pour la charpente, l'autre de fournir les roseaux pour construire les murs, un troisième les lianes et la couverture. Quelques-uns fournissent du poisson, d'autres des cerfs et des sangliers, ou du maïs; le tout suivant la condition de la femme et celle de ses amants. On se hâte d'exécuter ses ordres sans omettre la moindre chose de tout ce qu'elle a demandé : on en apporterait plutôt le double. Ils se font aider par leurs parents et leurs amis, et ils regardent comme très-honorable de gagner une femme de cette manière, et d'être choisi de préférence à tous les autres compétiteurs.

Le jour où la nouvelle maison est terminée, qui est le même où la jeune fille doit choisir un mari, elle soupe avec ses amants, ses parents et les amis communs. Quand la nuit est venue, car il fait encore jour quand on commence le repas, elle se lève et dit qu'il est temps qu'elle se retire avec son mari. Elle remercie en peu de mots ses amants de tout ce qu'ils ont fait pour elle, et leur déclare qu'elle voudrait pouvoir se diviser de manière à les épouser tous ; qu'elle leur a donné autrefois des preuves de sa bonne volonté, et qu'elle a fait tout ce qu'elle a pu pour les contenter tous; mais que, comme elle ne veut plus avoir qu'un mari, elle choisit *un tel*. En disant cela, elle prend par la main celui qu'elle a nommé et se retire avec lui dans sa chambre. Ceux qui sont rebutés se retirent avec les leurs. Les parents et les amis des deux conjoints se mettent à chanter, à danser et à boire jusqu'à ce qu'ils tombent d'ivresse. Ainsi se termine la fête. A dater de ce jour-là, elle devient une femme honnête et ne se laisse approcher ni par ses anciens amants ni par aucun autre homme. Quant à ceux qui sont repoussés, la plupart prennent leur mal en patience; mais il y en a quelquefois qui vont se pendre à un arbre, afin que le diable ait part à la noce. Quant aux pendus, si leur âme est perdue, leur corps ne l'est pas; car il sert à recommencer le festin de noce. L'amant désespéré va toujours se pendre près de la maison. On peut voir par là quelle religion leur enseignent leurs teotes ou dieux, puisqu'ils font une si mauvaise fin.

Voici une autre coutume de cette nation qui me paraît juste et honnête, et qu'ils observent quand leurs caciques ont besoin de réunir tout ce qui est nécessaire pour une expédition militaire, faire quelque présent aux Espagnols ou qu'il s'agit de toute autre dépense extraordinaire. Le cacique rassemble un *monexico* ou conseil des principaux chefs; on tire successivement au sort celui qui doit fixer ce que chaque habitant doit fournir, et avoir soin que l'on exécute ponctuellement tout ce qui a été décidé dans le monexico. Les conseillers qui doivent siéger avec le cacique sont élus de quatre en quatre lunes, et quand leur temps est expiré, ils rentrent dans la masse des habitants, et d'autres les remplacent ; mais l'on choisit toujours pour cela les guegues ou principaux vieillards. La première chose que fait le conseil, c'est de choisir deux fidèles exécuteurs de ses ordres pour les quatre mois qui ont à courir. L'un des deux au moins est toujours présent sur le Tianguez ou place du marché. Ils y jouissent d'un pouvoir absolu, et sont chargés d'empêcher les violences, la vente à fausses mesures et toute espèce de fraude. Ils punissent sévèrement tous ceux qui transgressent leurs ordres ou qui violent les usages reçus : ils ont surtout soin que l'on traite les étrangers avec égard, afin de les attirer dans leurs marchés.

Il n'y a pas dans toutes les Indes de pays plus fertile et mieux cultivé que cette province, et peu l'égalent ; le climat en est sain et agréable. L'eau y est excellente ; le gibier et le poisson sont très-abondants. On y récolte beaucoup de maïs et de fruits, parmi lesquels il y a une espèce de prunes avec lesquelles on fait du vin. L'arbre qui les produit y est très-commun ; ce fruit est rouge et d'un excellent goût. Le vin que l'on en fait est bon, et se garde un an. On y trouve aussi des *nisberos*, des *mameyes*, fruits excellents, et beaucoup d'autres dont j'ai fait mention dans le huitième livre de la première partie de cette histoire ; du bois du Brésil et du gayac, et l'espèce d'arbre qui distille la liqueur odorante que les Espagnols appellent *liquidambar* (copal). Outre l'espèce de vin dont je viens de parler, on en fait aussi avec du maïs, avec du miel, qui y est abondant et très-bon. L'on y prépare aussi avec le cacao une boisson délicieuse et très-saine que les naturels estiment par-dessus tout. Quant aux animaux sauvages, on y trouve des tigres noirs et tachetés, des lions, des loups, des espèces de renards, des puants ; et parmi ceux qui sont bons à manger, des cerfs, des daims ; une espèce de vache que les Espagnols nomment *dantas* (tapirs), des sangliers, des fourmiliers, des lièvres et des lapins semblables à ceux d'Espagne, et beaucoup d'autres espèces de gibier ; et de plus, toutes les espèces d'oiseaux dont j'ai fait mention dans cet ouvrage. J'ai vu dans la plaine de Nicoya, sur les bords de la grande rivière qui passe derrière les montagnes d'Oroci, beaucoup de perdrix marchant en compagnie, comme celles d'Espagne, mais plus petites ; et quand elles s'envolaient, elles faisaient absolument le même bruit.

Puisque je suis en train de parler de vivres, je veux citer un moyen qui me paraît d'une grande ressource dans les moments de nécessité. Quand le manque d'eau retarde la récolte du maïs, les Indiens en prennent une petite quantité qu'ils ont mise en réserve, le sèment à la main, l'arrosent tous les jours, arrachent avec soin toutes les mauvaises herbes, et au bout de quarante jours il est mûr et prêt à être récolté. Mais, comme cela donne beaucoup de mal, et que les épis sont petits, on n'en cultive de cette manière qu'une faible quantité. Cette culture est d'un grand secours, puisqu'elle donne aux naturels le moyen d'attendre que la pluie ait fait mûrir l'autre récolte. Pline, livre XVIII, chapitre VII, dit que près du golfe de Thrace il y a une espèce de blé que l'on peut récolter deux mois après l'avoir semé, et qui mûrit en quarante jours. Il me semble que cela doit être du maïs. On y trouve toutes les espèces de couleurs que l'on connaisse au monde, elles sont très-bonnes et très-vives; on s'en sert pour teindre les étoffes et le fil de coton, ainsi que beaucoup d'autres choses. Dans le golfe d'Orotina et de Nicaragua, et sur les côtes du cap Blanc, on pêche les coquillages qui produisent la pourpre; on trouve des perles dans une petite île nommée *Miapi*; les naturels en donnèrent quelques-unes au capitaine Gil Gonzalez Davila, pendant le voyage le long de cette côte ; j'en ai vu dans l'île de Pocosi ; et quand Pedrarias Davila gouvernait ce pays, un de ses fermiers, qui habitait l'île de Chira, en avait plus de trois onces entre les mains ; les coquilles de nacre, dans lesquelles on les trouve, sont très-grandes et très-belles, et j'en ai apporté quelques-unes en Espagne. Dans l'île de Chira, on fait des écuelles, des plats, des jarres et des cruches en très-belle poterie : elle est noire, unie comme du velours, et brillante comme du jais ; j'en ai apporté quelques pièces dans cette ville de Santo-Domingo de l'île Espagnole, et elles étaient si belles qu'on aurait pu les offrir à un prince. Les Indiens savent exécuter toutes les formes qu'on leur demande.

A 35 lieues de la ville de Léon, on trouve des mines, dont l'or a plus de 20 carats : elles sont situées près de la rivière de Saint-André, et d'un village que l'on nomme Santa-Maria de Buena-Esperanza. Comme le travail des mines ne plaisait pas aux Indiens, parce qu'il les fatiguait beaucoup, ils attaquèrent les chrétiens qui étaient commandés par le capitaine Hernan Ponce de Léon, les vainquirent, brûlèrent le village et blessèrent quelques Espagnols; les mines furent alors presque entièrement abandonnées. Ceci se passa en 1529. Depuis on les a colonisées de nouveau, et maintenant dans cet endroit, ainsi que dans plusieurs autres de ce gouvernement, on trouve d'excellentes mines. A 15 lieues de Santa-Maria, les chrétiens avaient fondé un autre établissement, qui se nommait Villa Hermosa ou Val Hermoso, sur les bords d'une rivière riche en or. Il y a deux ans, les Indiens attaquèrent le capitaine Hurtado et d'autres chrétiens qui s'y trouvaient avec lui, les massacrèrent presque tous, et brûlèrent le village. Il n'y eut que très-peu de chrétiens qui par-

vinrent à s'échapper. Ce malheur eut lieu le
21 janvier 1527. On se croyait parfaitement
en sûreté; car les Indiens venaient exactement servir les chrétiens. Seize Espagnols
et vingt-cinq chevaux périrent avec le capitaine Hurtado. On tua seize autres chrétiens
qui étaient disséminés chez les caciques des
environs. Ce fut dans cette occasion que périt
le capitaine Juan de Grijalva, qui avait découvert le Yucathan et une partie de la Nouvelle-Espagne. Les Indiens qui commirent
cette trahison étaient de la vallée de Vlancho.
On voit que le nom de Villa Hermosa avait
été bien mal appliqué, comme je l'ai déjà dit
en plusieurs endroits; il vaudrait bien mieux
conserver les noms anciens qu'en donner de
nouveaux.

On compte neuf lieues de Léon à Olocoton.
A six lieues plus loin, on trouve les premiers
villages d'une nation nommée Griagenicos;
trois lieues plus loin, on rencontre encore
d'autres Griagenicos. De là on compte encore

trois lieues jusqu'à Palangagaspa, de là à Anahuaca huit, puis six, jusqu'à Guayapo, et quatre de là à Talpanega, où les Indiens massacrèrent un honnête gentilhomme, nommé Antonio de Solis, qui avait longtemps habité l'île Espagnole. A quatre lieues plus loin, dans la même province de Talpanega, se trouve l'endroit où périt le capitaine Hurtado, et les autres Espagnols, dans l'établissement de Villa Hermosa. De cet endroit à la ville de Truxillo, qui est située sur la côte de la mer du Nord, dans la province de Honduras, on compte encore trente-sept lieues. Il n'y a que cinq ou six lieues, de Léon à la mer du Sud, de sorte qu'il n'y a guère, par cette route, que quatre-vingts ou quatre-vingt-huit lieues, d'une mer à l'autre. Pour aller de Léon à Naguaca, il faut traverser les montagnes de St-Jean. Avant d'y arriver, et sur le versant septentrional des montagnes, se trouve Naguaca ; c'est là que l'on commence à trouver les arbres qui produisent le liquidambar ; ils couvrent le flanc des montagnes, pendant l'espace de plus de seize lieues.

On trouve aussi, dans cette province, beaucoup de plantes bonnes pour diverses maladies ; mais comme j'ai écrit un ouvrage sur ce sujet, et que le Nicaragua réunit toutes les productions que l'on trouve dispersées dans la terre ferme, je ne parlerai que d'une plante que j'ai trouvée sur le penchant des montagnes de Mombacho, et qui a le goût et l'odeur de l'excellent cumin. Les Indiens ne s'en servent pas, mais les chrétiens en font des sauces qui sont aussi bonnes et aussi saines que celles que l'on fait avec le vrai cumin.

On trouve aussi des mines sur les bords de la rivière de Maribichoa, près du village du même nom, qui contient plus de 2,500 âmes, et dans lequel il y a huit cents Indiens de repartimiento. Les Indiens appellent cette rivière Guatahiguala ; elle est à trente lieues de Léon. Les naturels de Maribichoa descendent de ceux de la province de Los Maribios. Il n'y a pas longtemps que, pressés par la famine, ils sont venus s'établir dans ce pays; car quand je l'ai visité, il y avait encore des Indiens qui se rappelaient cette émigration ; aussi se regardent-ils, et se traitent-ils réciproquement comme parents.

On fabrique au Nicaragua les meilleures cordes de toutes les Indes; et j'en ai vu faire à Léon qui seraient excellentes pour les vaisseaux. Je ne parlerai ici que de deux espèces de fil particulières au pays; l'une se fabrique avec les feuilles d'un palmier que l'on trouve sur les bords du grand lac ; il est très-fin et très-fort, et se conserve mieux dans l'eau que tous les autres. Les Indiens le fabriquent en fendant les feuilles de palmier, dont ils retirent les filaments, qu'ils filent, sans qu'il soit nécessaire de les faire rouir, comme l'on y est obligé avec le lin et le chanvre. On emploie surtout ce fil à la fabrication des filets; l'autre espèce se fabrique avec une herbe nommée *Ozpanguazte*, dont on se sert pour faire des balais; elle ressemble à celle que l'on nomme *ajongeras*, dans le royaume de Tolède, ma patrie, et produit comme elle de petites fleurs jaunes; on fait rouir l'écorce de cette plante dans l'eau, pendant quelques jours, et quand elle s'est décomposée, on en tire des fils, avec lesquels on fait des câbles et des cordes très-fortes; on l'emploie au Nicaragua, dans la fabrication de toutes les choses qui n'ont pas besoin d'être filées; mais on pourrait aussi la filer.

Comme je suis en train de discourir sur toutes sortes de sujets relatifs au Nicaragua, et pour tenir ce que j'ai promis en commençant ce chapitre, je parlerai d'une coutume abominable aux yeux de Dieu et des chrétiens, et rapporterai ce que l'on m'a raconté relativement aux sorciers, qui y sont très-nombreux, et que l'on nomme *texoxes*. L'on croit généralement, et les Indiens regardent comme prouvé qu'ils ont le pouvoir de prendre la forme d'un lézard, d'un chien, d'un tigre ou de toute autre espèce d'animal. La nuit du Mardi-Gras, 9 février 1529, me trouvant dans le village de Quacama, qu'un homme de bien, nommé Miguel Lucas, possédait en commanderie; et ayant avec moi un gentilhomme nommé Louis Farfan, natif de Carmona ou de Séville, ainsi qu'un chanoine nommé Lorenzo Martin, natif d'Érindote, près de Torrijos, dans le royaume de Tolède (je nomme mes témoins, parce que je vais raconter une aventure diabolique et inouïe), voici ce qui arriva : Un cacique nommé Gastonal, de la nation des Maribios ou Desollados (écorchés), vint visiter ce Louis Farfan, qui l'avait en commanderie, ainsi que ses vassaux, et qui était arrivé depuis un jour ou deux. Il le pria de lui donner un chien, parce qu'il avait peur des texoxes; Farfan lui dit que sa chienne était prête à mettre bas, et qu'il lui donnerait un jeune chien qu'il pourrait élever, et qui garderait sa maison; mais qu'il ne pouvait lui en donner actuellement, parce qu'il n'en avait pas; et sans faire autrement attention aux craintes du cacique, il le renvoya chez lui. La même nuit, le cacique prit des bras de la mère son enfant, qui avait environ six mois, et le fit coucher près de lui, en l'enveloppant dans son manteau; puis il s'endormit ainsi que sa femme, avec cinq ou six de leurs Indiens couchés autour d'eux. Tout à coup son fils fut enlevé d'entre ses bras; le père, la mère et les autres Indiens qui se trouvaient dans la maison se mirent à sa recherche; mais ils ne trouvèrent rien. Quand le jour fut venu, le cacique et ses Indiens vinrent, en pleurant, raconter à Farfan et au chanoine que les texoxes avaient enlevé son enfant pour le dévorer. Quand on lui demanda comment il savait que c'étaient les texoxes, il répondit qu'il en était certain, parce que la veille du jour où il était venu leur demander le chien, il en avait aperçu deux sous la forme de deux grands animaux, dont l'un était noir et l'autre blanc. L'on commença à chercher l'enfant, et l'on reconnut les traces de deux grands animaux qui devaient ressembler à de grands chiens ; et environ deux heures après le lever du soleil, on retrouva le crâne de l'enfant tout rongé, à environ deux jets de pierre de l'endroit où on l'avait arraché des bras de son père, et toutes les herbes d'alentour étaient couvertes de sang. J'ai vu moi-même les os rongés, et j'étais présent quand le cacique vint raconter son aventure en versant d'abondantes larmes, et tout fut vérifié et trouvé exact. Auprès des ossements, on retrouva un collier de pierres vertes, semblables à des émeraudes, que l'enfant avait au cou. La mère, qui le ramassa, le baisait en donnant toutes les marques du plus violent désespoir.

Les Indiens de cette province élèvent beaucoup de chiens sans voix, qu'ils mangent à l'époque de leurs fêtes. Cette viande est assez bonne. Dans la ferme où se passa l'aventure que je viens de raconter, j'ai vu un morceau de la viande de ces chiens que les Indiens nomment *xulo*, qui resta plusieurs jours sur un banc, à la portée de sept ou huit chiens d'Espagne qui se trouvaient là. Dès qu'elle y fut placée, ils s'en approchèrent et la flairèrent, mais ils ne la touchèrent pas; et loin de vouloir en manger, ils s'en éloignaient et ne voulaient pas même la regarder. Les Indiens, sous ce rapport, ne valent pas les chiens; car ils se dévorent les uns les autres.

La province de Nicaragua commence sur la mer du Sud, au golfe d'Orotina, et s'étend vers le couchant. A cinq lieues de la côte, on trouve un grand village habité par des Chorotegas, vers le levant, et à huit lieues de là, il y en a un autre nommé Coribizi, dont les habitants parlent une langue différente de toutes celles dont j'ai fait mention. Les femmes n'ont d'autre vêtement qu'un caleçon. Il en est de même dans la province de Chiriqui et dans la Judea; mais ces deux dernières ne font pas partie du gouvernement de Nicaragua;

elles sont situées sur la côte entre le golfe d'Orotina et Panama. Dans les îles du golfe de Nicaragua et de celui d'Orotina, toutes les femmes portent des caleçons. Les habitants sont de la nation chorotega, ainsi que ceux de Nicoya, comme je l'ai dit plus haut. Dans tout le pays qui s'étend vers le couchant, jusqu'à Panama et la Castille d'Or, les caciques sont souverains, et dans celui qui s'étend vers l'orient, ce sont des républiques gouvernées par des chefs électifs. A l'arrivée des chrétiens dans ce pays, dans la province de Cueva, ils étaient accoutumés à avoir affaire à des caciques qui étaient seigneurs perpétuels; ils trouvèrent que ces changements et ces élections ne leur étaient pas favorables, et, dans leur propre intérêt, ils maintinrent ceux qu'ils trouvèrent en possession du pouvoir.

La province de Los Cabiores, située à vingt ou vingt-cinq lieues de Chiriqui, sur la côte de la mer du Sud, touche à celle de Durucaca.

Dans ces deux provinces, les hommes filent comme des femmes, et c'est leur occupation ordinaire.

Les Indiens appellent Varecla la province que les chrétiens désignent sous le nom de Judea, parce que les habitants en sont sales, vils et méprisables.

Dans le Nicaragua et les provinces voisines, les Indiens tiennent beaucoup à être bien peignés. Ils ont des peignes d'os de cerf, qui sont aussi blancs que de l'ivoire : ils en font aussi d'un bois noir, qui sont très-beaux, et ressemblent à nos démêloirs. Les dents sont attachées avec une espèce de pâte qui ressemble à de la terre cuite : elle est tantôt rouge et tantôt noire. Cette pâte n'est autre chose que de la fiente de chauve-souris. Tous les Indiens que j'ai questionnés à cet égard me l'ont affirmé. J'ai eu en ma possession de ces peignes, et j'en ai apporté six ou sept avec moi à Saint-Domingue. Quand on approche cette pâte du feu, elle s'amollit comme de la cire, et s'enflamme par degré ou subitement, et quand elle refroidit, elle devient très-dure et attache les dents du peigne comme si c'était du fer.

CHAPITRE XIII.

D'une visite que l'auteur fit, le 2 janvier 1523, au cacique de Tezoatega, surnommé ordinairement *Le Vieux*, mais dont le véritable nom était *Agateite*.

Il existait à Tezoatega, une grande place carrée, à la droite de laquelle on apercevait en entrant, une grande maison remplie de grains et d'autres vivres, et qui servait de magasin ; en face ou sur la gauche, il y avait un autre grand bâtiment, d'environ cent pas de long, dont le toit descendait jusqu'à terre, c'est là que couchait le cacique et ses femmes. On donne aux édifices cette forme basse, pour qu'ils résistent mieux aux ouragans et aux tremblements de terre, qui sont très-fréquents dans ce pays; et devant lesquels aucune porte et aucune fenêtre ne peut tenir. Cette forme les rend très-obscurs, car ils n'ont d'autre ouverture, qu'une porte tellement basse qu'il faut se baisser pour y entrer. Elle est toujours fermée dans la journée, pour en exclure les moustiques très-nombreux dans ce pays. Plus avant, sur la place, au delà de ces deux bâtiments, on voit une espèce de portique, nommé Barbacoa; il a quatre-vingts pas de long, et dix de profondeur; il est formé de trois arches, supportées par des piliers de bois très-fort, et le toit, qui est plat, est couvert en roseaux; les bambous qui le composent sont de la grosseur de la cuisse d'un homme, et très-bien attachés ensemble. Ce portique est destiné à donner de l'ombre, et se dirige de l'est à l'ouest ; de sorte que le soleil ne le frappe jamais par le côté, ou du moins pendant peu d'instants, et seulement à l'époque où il approche des tropiques ; si bien qu'on y est entièrement à l'ombre excepté au lever du soleil ; alors on est protégé par des arbres fruitiers, plantés devant cet édifice ; il en est de même quand cet astre se couche. On a mis un peu de paille par-dessus les bambous, pour se défendre contre les pluies, quoiqu'elles soient rares dans ce pays, et pour empêcher le soleil de percer à travers les interstices. Le cacique se tient ordinairement sous ce portique, qui lui sert de résidence. A sept ou huit pas de l'extrémité orientale, se trouve un lit de bambou, élevé de terre d'environ trois pieds ; la surface en est plate, il peut avoir dix ou douze pieds de long, et cinq ou six de large : il est couvert d'une épaisse natte de feuilles de palmier, par-dessus laquelle il y en a d'autres très-fines, et très-bien travaillées ; le cacique est couché dessus tout nu, ou couvert d'un manteau de coton blanc, roulé par-dessus lui; il a pour oreiller un petit banc de bois, supporté par quatre pieds, et un peu concave vers le milieu. Ce banc nommé *duho*, est d'un bois très-poli, et très-bien travaillé. Le cacique a la tête à l'orient, et les pieds au couchant. Près de lui on voit suspendus à un poteau, un arc, des flèches, et une petite calebasse remplie de miel; à dix pas plus loin, sous les deux arches latérales, sont deux rangées de nattes, dont quelques-unes ont plus de trente pas de longueur de chaque côté; sur ces nattes, une douzaine d'Indiens nobles étaient couchés les pieds tournés vers le centre, la tête appuyée sur de petits bancs; ils se tenaient dans le plus profond silence, en attendant que le cacique leur donnât des ordres; celui qu'il appelle se lève sur-le-champ, et s'approche pour écouter ses ordres, qu'il exécute à l'instant, si c'est une chose qu'il doit faire lui-même; dans le cas contraire, il se hâte d'aller les transmettre au chef que cela concerne, et qui se tient dans un édifice situé à un ou deux jets de pierre de la place. Aussitôt qu'il a appelé une ou deux fois, une douzaine de ceux qui sont toujours de garde dans cette maison, arrivent en courant, et exécutent les ordres qu'on leur transmet, car chacun des chefs qui sont sous le portique, a toujours là dix ou douze serviteurs qu'il appelle en prononçant à haute voix son propre nom, afin que ce soient ses serviteurs qui viennent, et non ceux des autres chefs; aussitôt après il retourne à sa place auprès du cacique.

Ces chefs commandent aux Indiens et à toute la province. Ils communiquent les volontés du cacique, particulièrement pour ce qui a rapport à la guerre; ils ont des receveurs spécialement chargés de la perception des tributs : quand il survient quelque ambassadeur ou quelque messager, ce n'est pas le cacique, mais un de ces chefs, qui reçoit l'envoyé, transmet sa commission à son maître, rapporte la réponse, et va porter les ordres aux capitaines. Dans les cas importants, le cacique les consulte tous pour savoir ce qu'il y a de plus avantageux à l'État et à sa personne. Dans le *buhio* fermé qui dépend du portique se tiennent constamment quarante ou cinquante femmes occupées à moudre ou à égrainer du maïs pour le pain que l'on fait chaque jour pour le cacique et les chefs. Près de là sont deux petits buhios qui servent de sépulture à deux fils du cacique morts dans l'enfance. A l'extrémité de la place, on avait planté en terre quatre bambous très-gros et très-longs, et couverts de têtes de cerfs, que le cacique en personne avait tués à coups de flèches : cela fait partie de sa représentation, et prouve son adresse à manier les armes. Près de ces bambous est la maison où se tiennent dans la journée les femmes du cacique, et, pendant la nuit, leurs servantes; les chefs couchent sous ce portique, et les gardes dans les buhios qui sont près de là. Une partie veille au milieu de la place, et ils se relèvent de temps en temps. Chaque veille est commandée par un capitaine, qui reste à son poste jusqu'à une demi-heure après le lever du soleil; ils retournent ensuite dans la maison qui leur sert de corps de garde.

Les maisons qui forment la place sont entourées d'une quantité d'arbres fruitiers, tels que pruniers, maméyes, figuiers, etc. Ils sont si nombreux et plantés de telle façon, qu'on ne peut voir la place que quand on y entre. Je m'y trouvai au moment où on apporta à manger au cacique; mais ce n'était plus un prince puissant comme il l'était avant que les Espagnols entrassent dans le pays : il était alors vaincu et soumis. Il y avait entre ces deux époques toute la différence de l'homme libre à l'esclave, d'un grand prince à son moindre vassal, ou du blanc au noir, et il était facile de le voir; car il ne vint qu'une seule Indienne, qui lui présenta du poisson bouilli dans une petite écuelle de terre à trois pieds; une autre qui contenait des boules de maïs, et une troisième où il y avait de l'eau. Elle plaça ces aliments sous le portique méridional, qui est le plus près de la maison où les femmes font le pain, et l'Indienne s'en alla après les avoir mis à terre, à six ou sept pas de l'estrade où le cacique était couché, sous le portique du milieu. Il se leva, et prenant le petit banc qui lui servait d'oreiller, il alla s'asseoir auprès. La même Indienne revint, lui offrit de l'eau pour se laver les mains et la figure, et il se mit à manger tranquillement. Aussitôt qu'il eut commencé à manger, d'autres Indiennes apportèrent du poisson aux chefs. Ils prirent leurs petits bancs, et, s'étant assis en cercle sous le portique du milieu entre les deux rangs de nattes, ils se mirent à manger; cependant quelques chefs restèrent couchés et prirent leur repas à part: ceux-ci étaient les moins importants, et ceux qui avaient les places les plus éloignées de l'estrade. J'ignore s'ils restaient couchés pour cause de maladie, ou parce que les autres n'en faisaient pas assez de cas pour les admettre parmi eux. Quand le cacique eut mangé, il se leva et sortit de la place pour satisfaire à quelque besoin naturel, car c'était là leur coutume. Pendant ce temps, l'Indienne enleva les écuelles et les restes du repas. Quand le cacique fut de retour, il prit sa banquette ou duho, la remit sur l'estrade et se coucha comme auparavant, tournant ses pieds vers les chefs Indiens, qui allèrent aussi se coucher à leurs places respectives dès qu'ils eurent terminé leur repas.

Le cacique était couvert d'un manteau blanc; il avait le corps, la gorge et les membres peints; ses cheveux et sa barbe étaient longs; mais cette dernière était peu abondante, et il n'avait que peu de poils blancs au menton; il me parut avoir au moins soixante-dix ans : il était grand et sec et parlait peu. Ayant été le visiter peu de temps après mon arrivée dans le pays avec un chapelain du gouverneur, Diego Lopez de Salcedo et quelques autres personnnes d'un certain rang, il ne voulut jamais me parler ni me répondre, quoiqu'il vît que tout le monde me parlait avec respect, avant que l'interprète lui eût dit que non-seulement j'étais capitaine et de la maison de l'Empereur notre seigneur, mais même parent du gouverneur. Alors seulement il mit sa gravité de côté, et me fit tout autre mine. Il répondit avec beaucoup d'esprit à toutes mes questions, et montra bien qu'il était un homme de talent : il voulut savoir mon nom et quel était mon degré de parenté avec le gouverneur. Le chapelain lui ayant dit que nos deux femmes étaient cousines, il profita, deux heures après, d'un moment où je n'étais pas là pour faire la même question à un de nos serviteurs, et s'assurer si le chapelain lui avait dit la vérité.

Les Indiens du Nicaragua ont une espèce de jeu ou de voltige, qui étonne beaucoup ceux qui ne l'ont jamais vu; ils dressent une espèce de potence, en plaçant une poutre en travers sur deux autres, qui sont fichées en terre, et, dans lesquelles sont plantés des bâtons pour servir d'échelons à l'un de ceux qui doivent exécuter ce tour, car l'autre reste par terre; sur la poutre horizontale, on en fixe en travers une plus grosse que les deux supports ensemble, mais faite d'un bois très-léger tel que *le segua* : on la mesure de manière à ce que quand elle est tournée vers la terre, elle en soit éloignée de trois ou quatre palmes, afin que le bateleur ne se brise pas la tête. Deux bâtons traversent chaque extrémité de cette poutre qui fait le moulinet; ceux qui doivent tourner s'attachent à ces bâtons. C'est une chose étonnante que de les voir tourner quoique sans danger, avec autant de rapidité que la roue d'un rémouleur, par l'effet du contre-poids qu'un des bateleurs fait à l'autre. Je vis pour la première fois ce jeu, chez le gouverneur Pedrarias Davila, à Panama, où j'étais juge de résidence; il était exécuté par deux jeunes garçons de la nation Chorotega, très-adroits; plus tard je le vis aussi dans la province de Nicaragua, où on le nomme *comelagatoazte*. C'est le divertissement des enfants et des jeunes gens; il sert non-seulement à les amuser, mais aussi à exercer leur force et leur adresse. Je l'ai vu aussi dans la place de Tezoatega, c'est pourquoi j'en parle ici; car le cacique de cet endroit était un des plus puissants et des plus considérés du pays. Ce jeu était aussi en usage chez le cacique Mistega, et chez beaucoup d'autres de la province de Nicaragua.

TABLE DES MATIÈRES

CONTENUES

DANS CE VOLUME.

———

Pages.

Préface de l'éditeur français.   VII

Chap. 1er. — De plusieurs choses remarquables du royaume de Nicaragua et de ses annexes.   1

Chap. II. — Informations qu'un R. P. religieux de l'ordre de la Merci prit par ordre de Pedrarias Davila, touchant les croyances, les rites et les cérémonies des Indiens de Nicaragua, pour savoir s'ils étaient chrétiens, avant que Pedrarias vînt dans ce pays. — Ce qu'ils pensaient de Dieu, de l'immortalité de l'âme, et d'autres choses que l'on crut devoir leur demander.   17

Chap. III. — Continuation des rites et des cérémonies des Indiens du Nicaragua. — Nouvelles questions que fit Fr. Francisco de Bobadilla. — Mariages et autres coutumes de cette province. — Des Indiens qu'il baptisa. — Du feu et de la fumée qui sortent de certaines montagnes. — Autres faits remarquables relatifs à cette histoire. 53

Chap. IV. — Des lacs du Nicaragua. Selon les uns il y en a deux, selon d'autres, il y en a trois ; l'auteur prétend qu'ils n'en forment qu'un seul, puisque les deux premiers déversent leurs eaux dans le troisième qui se décharge dans la mer du Nord. Il sera aussi question, dans ce chapitre, des autres lacs du Nicaragua. 89

Chap. V. — De la brûlante et épouvantable montagne de Masaya, d'où toutes les nuits il sort un tel feu et une telle lueur qu'on l'aperçoit à une grande distance, et d'autres volcans qui se trouvent dans la province de Nicaragua. — Des mines de soufre et d'alun, et d'autres choses qui ont rapport à notre histoire. . . . 111

Chap. VI. — D'une relation qui fut envoyée par Fr. Blas del Castillo, de l'ordre de Saint-Dominique, qui avait visité le volcan de Masaya, au révérend père Fr. Thomas de Verlanga, évêque de la Castille d'Or. Je rapporterai ici ce qu'elle contient de plus important, laissant de côté beaucoup de détails pour éviter la prolixité. 137

Chap. VII. — Observations de l'auteur sur la relation de Fr. Blas del Castillo. 149

Chap. VIII. — Suite de la relation de ce que Fr. Blas a observé au volcan de Masaya. 153

Chap. IX. — Suite de l'expédition de Fr. Blas au volcan de Masaya. 163

Chap. X. — Suite de l'expédition de Fr. Blas au volcan de Masaya. 175

Chap. XI. — Des mœurs et autres particularités du gouvernement de Nicaragua et des provinces voisines. . . 199

Pages.

Chap. XII. — Du libertinage et des mariages des Indiens du Nicaragua, et d'autres matières relatives à cette province. 231

Chap. XIII. — D'une visite que l'auteur fit, le 2 janvier 1523, au cacique de Tezoatega, surnommé ordinairement *le Vieux*, mais dont le véritable nom était *Agateite*. 255

FIN DE LA TABLE DES MATIÈRES.

www.ingramcontent.com/pod-product-compliance
Lightning Source LLC
Chambersburg PA
CBHW050636170426
43200CB00008B/1036